AF636925

Schirner Verlag

Melanie Missing & Carola Gümüs

Der Seelenblick der Pegasus-Einhörner

Begleitbuch zum Kartenset

Schirner Verlag

ISBN 978-3-8434-9040-5

Copyright © 2013
Schirner Verlag, Darmstadt
3. Auflage Dezember 2017

Alle Rechte vorbehalten
Reproduktion aller Teile nur mit Genehmigung
des Verlages

Umschlag und Schachtel: Murat Karaçay, Schirner
Satz der Karten: Aileen Roloff, Schirner
Redaktion & Satz Begleitbuch: Barbara Rave, Schirner
Printed by: Ren Medien GmbH, Germany

www.schirner.com

Inhalt

Jeden Tag geht die Sonne wieder auf. Und du kannst den Sonnenaufgang, die Morgenröte als Zeichen deines täglichen Neuanfangs in ein spannendes Leben erfahren.
Die Morgenröte wird auch Aurora genannt, genauso wie die Nordlichter, die mit ihren verblüffend schönen Farben die Vielfalt des Himmels in all seiner Pracht zeigen.
Aurora heißt auch das Pegasus-Einhorn, das auf dem Kartendeck-Cover und auf den Kartenrückseiten abgebildet ist. Es symbolisiert dein Seelenverständnis. Es wird dich mit diesem Kartenset immer begleiten und dir, ebenso wie die Nordlichter, die Farben des Himmels zeigen, dir den Weg mit Licht erfüllen und dir die Hoffnung geben, dass immer alles gut ist.

Der Seelenblick der Pegasus-Einhörner

Die Berührung der Pegasus-Einhörner offenbart dir einen Blick, einen Seelenblick in die Tiefe deines Seins.

Die Pegasus-Einhörner helfen dir nun, mit diesem Kartendeck deine Seele besser zu verstehen und den momentanen Zustand deines Seins zu erkennen. Sie zeigen dir auf wundervolle Art und Weise deine momentane Lebenssituation oder die eines Familienmitgliedes, Freundes und/oder Klienten mit einem Blick, dem Seelenblick Aus diesem Seelenblick entsteht dann ein Seelenbild, das dir und deiner Seele beim Aufstieg deines Seins sehr hilfreich sein kann.

Ich wünsche dir viele wundervolle Erkenntnisse bei der Anwendung und in der Verbindung mit der Pegasus-Energie.

Alles Liebe

Melanie Missing

Anwendungsmöglichkeiten des Kartensets

Die Pegasus-Einhörner, die in diesem Kartenset abgebildet sind, werden dir in jeder nur erdenklichen Lebenssituation als Begleiter und Ratgeber zur Seite stehen.
Pegasus-Einhörner sind positive lichtvolle Wesen, und du kannst ihnen und ihren Berührungen, Worten und Bildern, die du empfängst, vertrauen.

Vorbereitung

Heiße deine Karten willkommen! Nimm alle 44 Karten in deine linke Hand (diese kommt direkt von deinem Herzen), und halte die Karten an dein Herz. Begrüße die Karten mit Worten, die dir in diesem Moment dazu eingegeben werden, wie zum Beispiel: »Seid herzlich willkommen in meinem Leben«, oder: »Ich begrüße euch, und bitte euch um eure Hilfe und Unterstützung dabei, meine Fragen zu beantworten und/oder meine derzeitigen Themen anzusehen«.

Wenn du möchtest, nimm dir einen Moment Zeit, und betrachte jede einzelne Karte, um mit ihrer wundervollen Energie in Verbindung zu treten.
Du kannst die Karten für dich persönlich, aber auch zu Pegasus-Readings oder bei der energetischen Arbeit für andere anwenden.
Immer wenn du deine Karten an andere weitergereicht hast, ist es empfehlenswert, sie hinterher wieder mit dir zu verbinden. Dafür pustest du einmal kräftig über die Karten, oder du klopfst zwei Mal auf den Kartenstapel, damit die Energie desjenigen, der sie zuvor in den Händen gehalten hat, herauskommt. Anschließend fächerst du die Karten auf und drückst sie für einen Moment an dein Herz.

Mische deine Karten! Egal ob seitlich oder hochkant, achte beim Mischen bitte darauf, dass alle Karten mit der Rückseite nach hinten zeigen. Dann ist dein Kartendeck vorbereitet. Jetzt kannst du es entweder wie einen Fächer in deiner Hand ausbreiten oder die Karten mit der Rückseite nach oben auf einem Tisch auslegen oder sie als Block in deiner Hand halten. Hin und wieder passiert es, dass einzelne Karten beim Mischen aus dem Deck herausfallen, bitte lege sie zur Seite und beziehe sie später in dein Reading mit ein. Bitte die Pegasus-Einhörner darum, dir ein Zeichen zu senden, wie zum Beispiel ein

Gefühl oder das Wort »Stopp«, wenn du aufhören sollst zu mischen. Vertraue deiner Intuition!

Stelle deinen Karten eine Frage bevor du eine Karte auswählst. Ich persönlich halte dabei die Karten immer ganz dicht an meinen Mund, und spreche in sie hinein. Wenn du ein Reading gibst, bitte dein Gegenüber zu Beginn, dir seine Frage oder sein Thema mitzuteilen. Dann denke an die Frage, während du die Karten mischst.

Ziehe dann eine Karte! Fahre dazu nun mit einem Finger deiner linken Hand über die Karten und greife dort zu, wo dich ein Impuls stoppt.

Legemethoden

Seelenblick

Diese Karten, die mit der Pegasus-Einhornenergie verbunden sind, kannst du nach einer neuen Legemethode, dem Seelenblick, auslegen. Der Seelenblick gibt dir einen Rundumblick auf deine momentane seelische Situation. Daraus ergibt sich dein Seelenbild. Durch diesen Einblick wirst du dich, deine Seele und deinen Weg immer besser verstehen.

Hinweis: Der Seelenblick ist eine wundervolle Möglichkeit, bei einer energetischen Behandlung einen ersten Einblick in das Sein des Gegenübers zu bekommen. Er ist die Grundlage, eine Basis der anzuschauenden Themen.

Um den Seelenblick auszulegen, entnimm dem Kartendeck bitte diese zwölf Seelenkarten.

1. Seelenverständnis
2. Seelenklang
3. Seelenfrieden
4. Seelenkleid
5. Seelentempel
6. Seelenberührung
7. Seelenweg
8. Seelenschmerz
9. Seelenliebe
10. Seelenaufstieg
11. Seelenplan
12. Seelenhochzeit

Mische sie, und lege diese zwölf Karten ohne eine bestimmte Reihenfolge mit dem Bild nach oben in drei Vierer-Reihen aus.

Jetzt nimm die restlichen Karten in die Hand, und mische auch sie. Schau eine Seelenkarte nach der anderen an, lies ihre Namen, und wähle intuitiv – wie zuvor beschrieben – eine Karte aus dem Stapel aus. Lege diese verdeckt, leicht schräg auf die Seelenkarte.

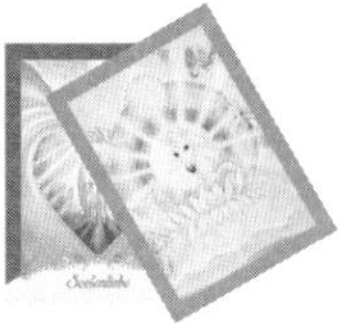

Wenn du alle zwölf Karten gewählt hast, decke sie nacheinander auf, und schaue, welche Hinweise dir die Pegasus-Einhörner im jeweiligen Bereich geben. Lies die Bedeutung der Karten im Anleitungsbuch nach. Meist erkennst du aber auch schon, ohne den Text gelesen zu haben, was dir die Kartenkombination sagen will. Du wirst bald feststellen, dass dein mit den Karten gelegtes Seelenbild erstaunlich genau auf dich, deine Lebenssituation oder auch auf dein spezifisches Thema zutrifft.

> *Tipp: Lege den Seelenblick im Zeitraum von einem Jahr einmal im Monat, und schreibe dir die Kartenkombinationen und deine jeweilige Situation bzw. deine Themen auf. So kannst du dich und deine Weiterentwicklung im Laufe eines Jahres beobachten.*

Weitere Legemöglichkeiten mit den Seelenkarten

Du kannst dir auch kleinere Einblicke in deine Seele verschaffen, indem du nur eine, zwei oder drei der Seelenkarten auswählst, die dich gerade besonders ansprechen oder zu denen du den Pegasus-Einhörnern Fragen stellen möchtest. Mische dann die übrigen Karten (ohne die Seelenkarten), und gehe im Weiteren so vor, wie unter »Seelenblick« beschrieben.

Anwendung der Karten bei der energetischen Arbeit

In Behandlungen kümmere ich mich gern zunächst um die Chakren. Wo befinden sie sich? Vor dem Körper? Hinter dem Körper? In der Mitte? Sind sie vertikalisiert? Bei einer Verschiebung der Chakren oder Ähnlichem ziehe ich eine Karte und frage, welches Thema der Chakren-Veränderung zugrunde liegt. Das kannst auch du für dich und für andere ausprobieren und anwenden. Dadurch können sich dir sehr hilfreiche Informationen eröffnen. Das Ganze funktioniert auch wundervoll bei einer Fernbehandlung.

Seelenheilkreis legen

Für alle, die energetisch arbeiten, empfehle ich, mit den Pegasus-Karten einen Seelenheilkreis zu legen. Dies ist auch besonders unterstützend bei Fernbehandlungen.

Nimm die zwölf Seelenkarten aus dem Deck heraus, und lege sie offen in einem Kreis aus.
In die Mitte des Kreises kannst du eine weitere ausgewählte Karte hineinlegen, die mit deinem Thema bzw. mit dem Thema der Person, der du helfen möchtest, zusammenhängt. Du kannst aber auch in den Heilkreis einen Zettel legen, auf den du schreibst, worum du für dich bzw. die betroffene Person bittest. Dann kannst du den Heilkreis noch mit Edelsteinen, Essenzen, Kräutern, Blumen, Federn etc. ausschmücken. Sprich nun deine Gebete und Bitten, ob für Heilung, für Unterstützung oder für das, was gerade das ansteht. Ich persönlich liebe Heilkreise und ihre individuellen Anwendungsmöglichkeiten.

Fragekarten ziehen

Du kannst die Karten natürlich auch, wie aus anderen Kartendecks gewohnt, anwenden und zur Beantwortung deiner Fragen nutzen. Bitte die Pegasus-Einhörner darum, dir zu sagen, wie viele Karten zur Beantwortung deiner Frage nötig sind. Du kannst die Karten zu einem Fächer vor dir ausbreiten oder sie alle einzeln auslegen. Schließe deine Augen, und fahre mit deiner linken Hand über die Karten. Spüre, wo dich deine Intuition stoppt, wo es warm wird oder wo es vielleicht anfängt zu kribbeln, dann ziehe diese Karte.

Tageskarte ziehen

Du kannst dir täglich eine Karte ziehen, egal, ob eine am Morgen für den Tag oder eine am Abend. Stelle den Pegasus-Einhörnern beim Ziehen der Karte eine Frage nach den Informationen, die heute für dich besonders wichtig sind.

> *Tipp: Die Themen deiner gezogenen Tageskarten kannst du auch als Notiz in deinem Kalender vermerken. Dies kann in der Rückschau sehr interessant sein.*

Paarritual

Ich persönlich liebe dieses Paarritual sehr. Wenn ich abends mit meinem Mann im Bett liege, habe ich immer ein Kartendeck griffbereit. Gemeinsam ziehen wir jeder eine Karte. Er liest mir den Text meiner Karte vor und ich ihm seinen. So sind schon viele schöne Gespräche entstanden, und Themen kamen zum Vorschein, über die wir sonst nicht gesprochen hätten. Wenn dein Partner oder deine Partnerin dafür offen ist, kann dies ein wunderbares und sehr verbindendes Ritual sein.

Legemethode für Kinder

Es ist wundervoll, mit Kindern aus dem Kartenziehen ein Familienritual zu kreieren. Du kannst zum Beispiel mit ihnen gemeinsam vor dem Schlafengehen eine Karte oder morgens am Frühstückstisch ziehen. Auch ist es schön, wenn es bei euch einen Abend in der Woche gibt, zu dem die ganze Familie zusammenkommt, um alle Themen der Woche zu besprechen. Dann zieht jeder zu seinen Fragen eine Karte, oder ihr befragt gemeinsam als Familie die Pegasus-Einhörner. Anschließend könnt ihr dann alle zusammen ohne Kummer oder unausgesprochene Themen eine entspannte Zeit verbringen. Bitte hilf deinen Kindern bei der Interpretation der Karten, die Texte sind für Erwachsene geschrieben, übertrage sie in die Welt deiner Kinder.

Lesen und Verstehen der Kartenbotschaften

Die liebevollen Bilder und die zugehörigen Texte helfen dir, die Tiefe deiner Seele zu verstehen und Antworten auf deine Fragen zu erhalten.

Achte auf deine Gedanken und Gefühle, wenn du das Bild der ausgewählten Karte betrachtest. Vielleicht be-

kommst du Gänsehaut oder bist tief berührt und spürst bereits, ohne den Text zu lesen, was zu tun ist, oder wie die Antwort lautet. Nachdem du eine Karte gezogen hast, schlägst du als Nächstes deine Karte in diesem Büchlein nach. In dem zugehörigen Text erfährst du etwas über die Bedeutung der Karte. Somit wirst du einen tieferen Einblick in deine Seelenebene erfahren oder einen Hinweis auf deine gestellte Frage erhalten.
Achte auch auf Hinweise in deiner Außenwelt. Oftmals sehen die Zeichen der Pegasus-Einhörner wie folgt aus:

- Du findest Federn.
- Wolken formen sich in Gestalt eines Flügels oder direkt zu einem Pegasus.
- Lieder im Radio berühren dich und bestätigen die Botschaft der Karten oder Ähnliches.

Solche Zeichen in der Außenwelt können dir helfen, die Botschaften zu verstehen. Vielleicht schicken dir die Pegasus-Einhörner zusätzlich weitere Informationen auf der Traumebene. Wenn du magst, lege dir ein kleines Büchlein neben dein Bett, und schreibe deine Träume auf. Des Weiteren bekommst du vielleicht auch in Ruhephasen, wenn du deine Augen schließt und dich ganz entspannst, über dein Drittes Auge Bilder vermittelt.
Öffne einfach nur dein Herz voller Liebe für die Berührungen, Botschaften, Zeichen und Wunder, die die

Pegasus-Einhörner für dich bereithalten, und sei offen für alles, was kommt.

Umgang mit den Karten

Durch deine Arbeit mit ihnen, sind deine Karten energetisch mit dir und der Geistigen Welt verbunden. Behandele sie bitte mit Liebe, und bewahre sie an einem schönen Ort auf. Ob du dafür eine Kiste auswählst oder sie in einen Stoffbeutel tust, ist ganz dir überlassen. Gehe durch deinen Wohnbereich, und suche den richtigen Platz für deine Karten. Ich persönlich habe einen kleinen Hausaltar, auf dem ich alle für mich wichtigen Dinge niederlege, also auch meine Karten.

Ich wünsche dir ganz viel Freude mit deinem Pegasus-Kartendeck, und sende dir für alle Anwendungen Liebe, Licht und wundervollen Einhornsegen.

Alles Liebe

Melanie Missing

Die Karten

Seelenverständnis

Vielleicht hast du dich schon einmal gefragt, was deine Seele ist. Ist sie wirklich unsterblich? Welcher Teil von dir ist deine Seele?

Denke bitte mal an ein Ei. Ein Ei besteht aus Eigelb und Eiweiß, die von einer Schale umgeben sind. Die Eierschale ist dein Körper, das Eiweiß ist deine Seele (= dein gegenwärtiges Leben), und das Eigelb ist dein Geist (= das, was ewig ist).

Die Erfahrungen, die deine Seele von Inkarnation zu Inkarnation gemacht hat, werden beim Übergang vom Diesseits ins Jenseits eins und somit zu deinem Geist. Dieser ist ewig und wird ewig sein. Er trägt alle Informationen aus deinen Seelenerfahrungen in sich.

Deine Seele macht dich aus, so, wie du jetzt bist. Mit der nun folgenden kurzen Übung senden dir die Pegasus-Einhörner Seelenverständnis, denn nur wenn du deine Seele verstehst und deinem Seelenplan folgst, kannst du göttliche Fügung erleben.

Übung/Meditation/Affirmation

Diese Übung kannst du immer mal in deinen Alltag einbauen. Außerdem kannst du sie auch in der energetischen Arbeit nutzen. Sie ist auch in allen Situationen hilfreich, in denen du Geschehnisse nicht verstehst.

Rufe einen Pegasus an deine Seite, und bitte ihn, dich auf der feinstofflichen Ebene zum Aufenthaltsort der Weißen Bruderschaft und des Hohen Rats der Einhörner zu bringen, der im Ätherreich über dem Himalaja liegt. Der Pegasus bringt dich auf ein Hochplateau, und du gleitest von seinem Rücken hinab. Dein Begleiter bleibt an deiner Seite. Die Einhörner des Rats und die Meisterinnen und Meister der Weißen Bruderschaft stehen im Kreis um dich herum. Sie begrüßen dich und verbinden ihre Herzen im Uhrzeigersinn über Regenbogen-Lichtbrücken miteinander. Das Einhorn, das dir gegenübersteht, schickt die vereinte Regenbogenenergie über eine Lichtbrücke direkt in dein Herz. Durch diese Anbindung, durch die vereinten Herzen dieser weisen Wesen, ist deiner Seele jetzt tiefes Verstehen möglich. Empfange nun ihre Weisheiten, die dir helfen, alles aus himmlischer Sicht zu verstehen. Bedanke dich anschließend bei den Weisen, und lasse dich auf dem Rücken des Pegasus wieder zurück zu deinem Ausgangspunkt tragen.

Seelenklang

»Lausche deiner Seele Klang, die dich trägt auf deinem Weg entlang.
Dein Seelenklang begleitet dich seit Anbeginn deiner Zeit und umhüllt bei jeder Inkarnation dein Seelenkleid. Der Seelenklang trägt dich und dein Sein, zeigt dir den Weg vom Himmel hinab und wieder hinein.«
Höre die Klänge deiner Inkarnationen, und erhalte die Informationen, die für dich wichtig sind und für die du jetzt bereit bist.
Lausche deinem inneren Orchester, deiner Klänge Klang, sie aktivieren dein Wissen aus vorangegangenen Zeiten. Bist du bereit, den Klängen zu lauschen?
Alles Wissen liegt in dir. Erinnere dich daran, dass es dir durch deinen Seelenklang geschenkt wurde. Folge dem Ruf, und steige mit deinem Seelenklang in den Himmel empor. So empfängst du auf himmlische Art und Weise die Botschaften deiner Seele.

Übung/Meditation/Affirmation

Spüre in dich hinein, und suche in deiner Erinnerung nach einem Lied, das dir bisher immer Gänsehaut verursacht hat, weil es dich so tief berührt hat. Vielleicht fällt dir sofort eines ein, oder dir wird ein solcher Titel in nächster Zeit in Erinnerung gebracht, möglicherweise hörst du das Lied auch im Radio.

Es ist meistens noch nicht einmal der Text, der einen so sehr berührt, sondern eine ganz bestimmte Tonfolge. Eine Melodie trifft dich und deine Seele.

Für mich gibt es eine Handvoll Lieder, die eine solche Wirkung auf mich haben. Bei »Ave Maria« beispielsweise bekomme ich schon beim ersten Ton Gänsehaut. Ein solches Lied transportiert für mich eine Botschaft, die unabhängig ist von seinem Text.

Nimm dir einen Moment Zeit. Schließe deine Augen, und höre das Lied, das in dir eine tiefe Wirkung entwickelt. Bitte die Pegasus-Einhörner, dir Informationen, Bilder, Wissen und Erinnerung zu schicken, die dir mit deinem Seelenklang übermittelt werden sollen.

Du kannst dir das Lied gern immer und immer wieder anhören, bis du ganz erfüllt bist von seinem Klang.

Seelenfrieden

Unser Seelenfrieden wird gestört, wenn wir uns mit anderen Menschen vergleichen. Warum läuft bei anderen immer alles besser? Warum sind sie glücklicher, reicher oder erfolgreicher? Lasse dich nicht von Illusionen aus deiner Mitte bringen. Jeder hat seine Aufgaben und Herausforderungen des Lebens zu tragen.

Die Pegasus-Einhörner sagen: »Bleibe immer bei dir, sei dankbar für das, was du hast, und sei nicht traurig über das, was du nicht hast.«

Mache Seelenfrieden nicht an Äußerlichkeiten fest! Denn Seelenfrieden ist auch Seelenheil, und das kann man sich nicht kaufen. Seelenfrieden erlangst du, indem du mit Vergangenem abschließt. Höre auf, Groll gegenüber anderen in dir zu tragen.

Denke immer daran, dass die geistigen Gesetze auch ohne dein Zutun in Kraft treten. Werde still, ruhig und gelassen, und entscheide dich gedanklich, aus dem sich ständig drehenden Rad »Schneller-Höher-Weiter« auszusteigen. Erteile der Hektik in deinem Leben eine Absage und finde die Quelle der Kraft in dir. Dann verbinde

dich in Meditation mit ihr. Sie ist der einzige Ort, an dem dir Seelenheil und somit Seelenfrieden geschenkt wird. Bleibe immer bei dir, und wisse, dass es immer nur der äußere Schein ist, der das Leben anderer besser aussehen lässt als dein eigenes.
Du brauchst nicht mehr als ein Dach über dem Kopf, Wasser, Nahrung und Liebe!

Übung/Meditation/Affirmation

Was stört deinen Seelenfrieden? Mache dir eine Liste von dem, was du besitzt. Lies sie durch, und überprüfe, ob das deinen Seelenfrieden störende Gefühl noch vorhanden ist oder ob es sich auf wundersame Weise aufgelöst hat.
Begehe in tiefer Zufriedenheit nun deinen Tag.

Seelenkleid

Dein Seelenkleid macht jeden Tag die Beschaffenheit deiner Aura aus. Die Aura verändert sich täglich, so, wie du deine Kleidung wechselst. Denn es hat auch immer etwas mit deinen Emotionen zu tun, ob du ein farbenfrohes Outfit wählst oder eher ein unscheinbares. Dein Seelenkleid verändert sich ebenso mit deinem Gemütszustand.

Bist du ganz bei dir und zufrieden damit, wie alles gerade läuft, so ist die Beschaffenheit deines Seelenkleids optimal. Aber bist du traurig, ängstlich, unzufrieden oder Ähnliches, ändert sich auch dessen Beschaffenheit. Dann ist, bildlich gesprochen, der Stoff an manchen Stellen dünner und durchlässiger für Energien, die dich in deinem Gemütszustand noch weiter schwächen und herunterziehen.

Mit dieser Karte möchten dich die Pegasus-Einhörner bitten, darauf zu achten, dein Seelenkleid so rein wie möglich zu halten. Auch in Phasen der Traurigkeit, der Melancholie oder bei depressiven Stimmungen, die wir alle hin und wieder mal durchleben, ist dies besonders wichtig.

Mache es wie der Pfau, wenn er sein Rad schlägt. Zeige stets dein schönstes Seelenkleid.
Vielleicht möchtest du das Ziehen dieser Karte auch als Anlass nehmen, dir heute ein schönes neues, farbenfrohes Outfit zu kaufen.

Übung/Meditation/Affirmation

Stelle dich hin und rufe einen Pegasus.
Bitte ihn, deine Aura mit dem Regenbogenlicht aus seinem Lichtherz einzuhüllen. Spüre, wie er beginnt, in Spiralen um dich herumzufliegen, und dich und dein Seelenkleid in einen Mantel aus schützendem Regenbogenlicht einhüllt. Dieses Regenbogenlicht hebt deine Stimmung an, und du bekommst bessere Laune.
Diese Übung kannst du zum Beispiel auch nach einem Streit durchführen, denn sie richtet dich wieder emotional auf.

Seelentempel

Die Pegasus-Einhörner grüßen dich im Namen deiner Seele und sprechen zu dir: »Das ist der Eintrittsmoment in deinen Seelentempel, der verbunden ist mit deinem Erdchakra. Dieses speichert die genaue Verweildauer deiner Seele in deinem Körper, dem Tempel der Seele. Genauso wie er dies bei allen vorangegangenen Inkarnationen getan hat. In der Liebe des allmächtigen Seins befähigt dich dein göttliches Ich, den Seelentempel, deinen Körper, zu bewohnen und in ihm auf Erden zu verweilen.

Dein Erdenweg ist geprägt von körperlichen und außerkörperlichen Erfahrungen. Binde deinen Körper immer wieder an die Erde an und deine Seele an den Geist, die ewige göttliche Quelle des Seins. Damit kannst du die Energien der Erde und des Himmels im Einklang halten, sodass sich die Erfüllung deines Seins verwirklichen kann. In deinem irdischen Bewusstsein, das der Allweisheit deiner Seele angeschlossen ist, sind alle für dich in dieser Inkarnation geplanten Erfahrungen gespeichert. Nach dem Übergang in die heimische himmlische Welt

können alle neuen, im Erdenleben erfahrenen Informationen in deinen Seelenkern übergehen. Mit dieser Gewissheit kannst du nun auf der Welt wandeln.
Wirke, geliebtes Wesen, wirke in deinem Seelentempel auf Erden!«
In einen Tempel geht man hinein, um Gott zu suchen, zu ihm zu beten und sich mit ihm zu verbinden – um eins zu sein. Sieh deinen Seelentempel als dein göttliches Haus an, das du wie eine Schnecke immer mit dir herumträgst. Betrachte dein Herz als den Altar in diesem Tempel, und biete ihm die Schönheit des Lebens dar.

Übung/Meditation/Affirmation

Erkenne den Reichtum deines Seelentempels. Beginne, wahrhaft in ihm zu leben und mit ihm zu kommunizieren.
Schließe deine Augen, und atme tief ein und wieder aus. Stelle dir nun dein äußeres Sein als Tempel vor. Wie sieht dieser aus? Kreiere deinen Tempel so, wie er für dich als Haus Gottes aussieht. Verwende die schönsten Farben, die edelsten Materialien, nutze Edelsteine, Blattgold und alles, was du sonst noch benötigst, um deinen Tempel im Außen zu errichten. Lasse dich von

nichts beschränken. Du hast alles in unerschöpflicher Menge zur Verfügung. Schließlich erschaffst du ja etwas für das Göttliche, und dessen Reichtum und Fülle sind unbegrenzt.

Wenn du fertig bist, nutze den Bauchnabel wie eine Tür, und gehe durch ihn in deinen Seelentempel hinein. Schaue dich gut um, dann schreite geradewegs zu dem Altar deines Tempels, deinem Herz. Beginne, an deinem Altar zu beten und/oder zeige dort, dass du das Göttliche in dir ehren möchtest. Das kann durch eine besondere Mahlzeit sein, oder das können Geschenke für deinen Körper sein, wie Kleidung, Pflegeprodukte, Vitaminprodukte oder Ähnliches. Lege all das, womit du dir Gutes tust, auf deinem Altar ab. Ist dein Altar danach reich beladen, oder liegen nur wenige Gegenstände darauf? Frage deinen Körper, was du ihm Gutes tun kannst. Vertraue den Informationen und Bildern deines inneren Tempels, die dir anschließend zugeschickt werden.

Nun kannst du deinen Tempel eigenständig erkunden. Welche Schätze gilt es zu bergen, welche Bereiche zu entdecken? Ehre und achte diesen heiligen Raum in dir. Er ist auch ein Tempel Gottes.

Mit deinen Füßen wandelst du auf Erden, kannst die Wege der Liebe gehen.
Mit deinen Händen wirkst du, kannst die Taten der Liebe vollbringen.
Mit deinem Mund sprichst du, kannst die Worte der Liebe kundtun.
Mit deinem Herzen siehst du, es ist das Auge des Göttlichen und der Liebe in dir.
Mit deinem Verstand denkst und lenkst du, er ist der Raum des Erwachens in dir.
Vereine die Liebe im Innen wie im Außen, so, wie es deinem göttlichen Sein entspricht.

Kehre von Zeit zu Zeit in deinen Tempel zurück, und achte darauf, dass du wieder etwas auf den Altar in deinem Tempel legen kannst. Sei dankbar für alles, was dir gezeigt wird, und lerne, deine Seele zu lesen und zu verstehen.

Seelenberührung

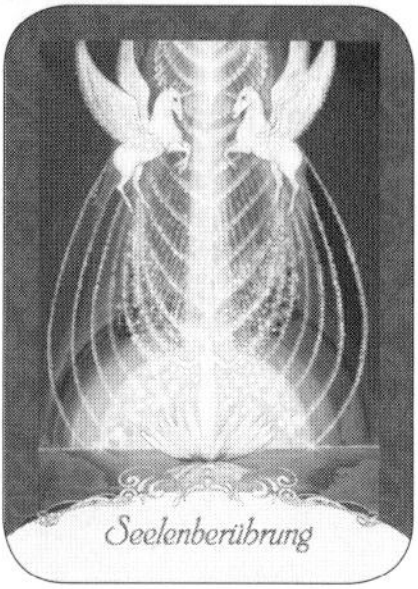

Mit dieser Karte berühren die Pegasus-Einhörner die Tiefe deiner Seele. Es kann sein, dass durch die Berührung Themen und Situationen zum Vorschein kommen, die heute oder in der kommenden Zeit angesehen und aufgelöst werden dürfen. Diese sind möglicherweise mit einer Angst verhaftet, die dein Sein im Hier und Jetzt bestimmt. Vielleicht kommt es auch in einem Traum zu einer nächtlichen Begegnung mit den Pegasus-Einhörnern und einem deiner Themen. Dann weißt du, dass es an der Zeit ist, diese zu bearbeiten. Denke daran, dass nicht nur Ängste, sondern alle möglichen Themen von den Pegasus-Einhörnern berührt werden können.

Das Ziehen dieser Karte kann auch einen anderen Grund haben. Denn durch eine tiefe Seelenberührung können die Pegasus-Einhörner auch deinen Seelenplan aktivieren. Wenn dies geschieht, wirst du deutliche Zeichen der Aktivierung erhalten und verspüren. Achte auf alle Informationen, die dir heute übermittelt werden, und folge dann den Impulsen deiner inneren Stimme.

Vertraue dem göttlichen Timing, das alles zur rechten Zeit geschehen lässt, und der liebevollen Führung aller dich umgebenden Lichtwesen. Alles vollzieht sich zu deinem höchsten Wohl.

Übung/Meditation/Affirmation

Schließe deine Augen, und lade einen Pegasus ein, ganz nahe zu dir zu kommen. Wundere dich nicht, wenn das Näherkommen des Pegasus mit vogelartigen Geräuschen einhergeht. (Ich erlebe das immer wieder. Sie geben Laute von sich, die ich zuvor bei Einhörnern noch nie vernommen habe.) Die Pegasus-Einhörner können wirklich sehr groß sein und riesige Flügelspannweiten besitzen.

Bitte den Pegasus, sich vor dir niederzulassen. Wenn du es möchtest und es der Moment eurer Begegnung zulässt, frage ihn, ob du seine wunderschönen großen Flügel berühren darfst.

Dann lege dich neben den anmutig schönen Pegasus, und kuschele dich ganz nahe an ihn heran. Er wird nun einen seiner Flügel über dich legen.

Lasse alles zu, was durch diese Berührung jetzt an Bildern, Gefühlen und Worten in dir aufsteigt. Die Pega-

sus-Einhörner mögen diese Art der Berührung sehr. Du kannst dich immer wieder so mit ihnen verbinden und dich berühren lassen. Spüre jedes Mal, wie dich liebevolle Lichtenergie auflädt, die dich für die kommende Zeit kräftigt.
Wenn du möchtest, kannst du Begegnungen dieser Art auch am Abend stattfinden lassen. Dann schläfst du nämlich eingehüllt in die Lichtschwingen des Pegasus ein.

Seelenweg

Die Pegasus-Einhörner sagen dir: »Gehe den Weg, den noch keiner vor dir ging – deinen Seelenweg! Sei mutig, und wage alles, denn der Seelenweg ist der Weg deines Herzens!
Mache die Wege deines Herzens auch im Außen sichtbar, hinterlasse Spuren auf deinem Weg, um anderen die ›neuen‹ Wege zu ebnen und aufzuzeigen.
Du weißt, was in dir ist und was im Außen gelebt werden will. Verwirkliche dich, gehe deinen Seelenweg. Wir Pegasus-Einhörner begleiten dich bei jedem Schritt, von Station zu Station, auf deinem Weg.
Wir sind aber nicht die Einzigen an deiner Seite. Viele Lichtwesen, Engel, Einhörner, Meister, Feen, Elfen, Krafttiere und viele mehr geleiten dich. Ebenso begegnest du auf diesem deinem Weg vielen Seelen, mit denen du dich verabredet hast, an dem Punkt, an dem sich eure Wege kreuzen. Solche Verabredungen dienen deiner seelischen und geistigen Weiterentwicklung – egal, wie die Begegnungen enden.

Lasse dich nicht beirren, tritt in Aktion, und gehe deinen Weg im tiefen Vertrauen auf deine persönliche Geist- und Lichtführung an deiner Seite.

Übung/Meditation/Affirmation

Lerne deine persönliche Geist- und Lichtführer kennen. Weißt du, welche liebevollen Wesen für dich wirken? Wenn es für dich interessant ist, dies herauszufinden, dann frage doch gleich einmal nach.
Vielleicht hast du einen inneren Ort der Ruhe, an dem du dich ausruhen und entspannen möchtest. Begib dich nun bitte dorthin. Rufe, wenn du angekommen bist, deine persönliche Geist- und Lichtführung. Wünsche sie an deine Seite, bitte sie jetzt, ganz nahe bei dir zu sein und sich erkennen zu lassen.
Frage sie: »Ihr Lieben, wer seid ihr?« Erkundige dich nach ihren Namen. Vertraue deiner Intuition, und empfange alle Namen der lichtvollen Wesen. Bewerte nicht, sondern lasse geschehen, was passiert.
Es können auch liebe verstorbene Menschen in deine Geist- und Lichtführung übergegangen sein, ebenso aber auch Heilige, Engel, Einhörner, Meister und Meisterinnen. Es gibt keine Einschränkungen. Begrüße sie

alle an deiner Seite, und bedanke dich bei ihnen für ihre Führung, ihren Schutz und ihr Geleit. Je öfter du ihnen begegnest, desto vertrauter wird dir ihr Wirken in deinem Leben. Dann fühlst du dich noch sicherer bei all deinem Tun.

Sie sagen dir jetzt: »Wir bewundern dich voller Liebe und schätzen, wie du tust, was du tust. Wir sind mit all unserer Liebe immer an deiner Seite.«

Seelenschmerz

Mit dem Ziehen dieser Karte möchten dir die Pegasus-Einhörner Folgendes mitteilen:

»Wir umfassen jetzt dein großes Herz und nehmen dir den Seelenschmerz.
Seelenschmerz, ob groß, ob klein, überträgt sich in dein Herz hinein.
Der Herzen Sorge können wir sehen, tiefe Trauer aber nicht verstehen.
Geliebtes Wesen, mit dem Verstand ist vieles oftmals nicht zu verstehen, darum lasse uns gemeinsam andere Wege gehen.
Die Weisheit des Herzens lasse uns schauen, und lerne, ihr und dem Leben zu vertrauen.
Deine Seelenerkenntnis prägt dich deutlich über den Schmerz, erkenne ihn, und nimm ihn an in dein Herz.
Werde still, und lausche in dich hinein, deine Erkenntnis wird die Botschaft des Schmerzes sein.
Im Schmerz liegt oft ein versteckter Segen, wir segnen deinen Schmerz und auch dein verletztes großes Herz.«

Übung/Meditation/Affirmation

Damit du den Schmerz verstehen kannst, musst du ihn erst einmal als einen Teil von dir annehmen. Der Schmerz ist der Ausdruck deiner Gefühle, deiner Emotionen.
Du kannst Affirmationen nutzen, die dir helfen können, Schmerz anzunehmen, zum Beispiel:

> »Ich nehme meinen Schmerz als einen Teil von mir an und danke ihm für alles, was er mir gezeigt hat.«

Hier ein Beispiel für eine Affirmation, die dich unterstützt, Schmerz zu lösen:

> »Ich bin frei von allen schmerzhaften Gefühlen meines Seins.«

Seelenliebe

Die Pegasus-Einhörner sagen dir mit dieser Karte: »Liebe dich selbst, liebe die Seele, die im Hier und Jetzt in deinem Seelentempel wohnt und dich ausmacht. Du bist wunderbar, einzigartig, und du bist es wert, geliebt zu werden, egal, ob von dir selbst oder von den Menschen in deinem Umfeld. Es gibt keinen Grund, dich nicht zu mögen. Alle Menschen, die dich nicht mögen, die dich verurteilen oder die sich aus deinem Leben entfernt haben, können dir für diesen Moment nichts Positives geben, außer der Erfahrung und dem Bewusstsein darüber, dass nicht alle Wesen auf dieselbe Weise und miteinander schwingen.

Du machst so viele wundervolle Dinge, und dafür bekommst du von uns und den dich liebenden Menschen die größte Hochachtung. Doch wenn plötzlich jemand zu dir kommt und kritisiert, was du tust, brichst du zusammen – und dies, obwohl schon so viele andere das Gegenteil bekundet haben.

Geliebtes Seele, dieses Wesen ist nicht in Liebe mit dir, aber so viele andere sind es. Vergiss das nie. Zweifele nicht an dir, denn Liebe, Selbstliebe und Seelenliebe gehören zusammen. Nur die Seelenliebe zu dir selbst erzeugt Glück und Wohlbefinden.«

Übung/Meditation/Affirmation

Wenn du wieder einmal ins Wanken gerätst oder dich ein Wort oder Kritik aus der Bahn wirft, werde ruhig, und besinne dich auf deine innerste Quelle. Diese wird gespeist von der Quelle der Liebe, dem höchsten Licht, das dich verbindet mit dem Schöpfer.

Setze dich ganz entspannt hin, und stelle dir vor, wie aus deinem Herzen eine Lichtsäule nach oben aufsteigt, immer höher, immer weiter, bis sie die Quelle der Liebe erreicht hat und dich an sie anbindet.

Spüre, wie sich die Liebesenergie in der Lichtsäule anfüllt und sich auf den Weg zu dir, zu deinem Herzen macht. Wie ein Sog fühlt es sich an. Du spürst einen leichten Druck im Herzen, und wenn die Energie ankommt, ergießt sie sich ganz warm in dein Herz. Von dort breitet sie sich in alle Richtungen aus und verströmt die Kraft der Quelle der Liebe in deinem ganzen Sein.

Jeder Zweifel wird weggespült, und du spürst, wie du dich in dieser Liebe immer weiter ausdehnst. Dem, was dich klein gemacht hat, gibst du keinen Raum mehr.

Die Liebe hat nun auch deine Augen erreicht. Somit verleiht sie dir nach innen wie nach außen einen Blick der Liebe. Betrachte dich selbst in Liebe, sieh andere aus dem Blickwinkel der Liebe an, und alles wird sich in Licht und Liebe auflösen.

Seelenaufstieg

Mit dieser Karte sagen dir die Pegasus-Einhörner: »Wer seinem Licht folgt, wird das Erstrahlen seiner Seele erleben dürfen. Derjenige spürt ihre Entwicklung und das Ausdehnen des eigenen inneren, göttlichen Potenzials. Dann versteht er, was zu tun ist, um hier auf der Erde etwas zu manifestieren, was die Liebe Gottes in sich trägt. Nur auf diese Weise kann er seinen wirklichen, wahren Seelenplan verfolgen. Nach seiner Heimkehr darf er dann erleben, was es bedeutet, aufzusteigen mit der Freude, so viel bewirkt zu haben. Und beim nächsten Erdenleben kann er noch viele weitere Aspekte der Göttlichkeit durch seine Seele manifestieren.

Vielleicht kehrt er auch heim und weiß, dass seine Seele, die über viele Tausend Jahre von Inkarnation zu Inkarnation auf diesem Planeten gewachsen ist, nun ihren Plan erfüllt hat und das Rad der Wiedergeburt verlässt. Damit darf sie für immer auf noch unbekannte, noch ungeahnte Art und Weise den Geistigen Welten aus dem Universum dienen.

Wir bereiten mit den folgenden Worten den Aufstieg deiner Seele in deinem irdischen Sein vor und ebnen in dieser nun folgenden Berührung alle Wege.«

Übung/Meditation/Affirmation

Willkommen hier am Himmelstor, das sich heute öffnet, um dich zu tragen empor,
empor in eine neue Dimension, Gottes Worte erklingen schon.
Bist du bereit?
Dann lasse dich erhöhen in Schwingung und Zeit,
wir schenken dir den Blick in die Unendlichkeit.
Wir heben dich weiter, heben dich empor,
zeigen dir deine Bestimmung durch das göttliche Tor.
Die Seelenwahrheit kannst du sehen,
um dich und die Welt zu verstehen.
Es wird noch brauchen einige Zeit,
bis du erleben kannst, die goldene Zeit.
Doch heute und hier öffnen wir das Fenster der Zeit,
denn deine Seele ist jetzt zum Aufstieg bereit.

Die Veränderungen wirst du mit dem Herzen sehen
und mehr und mehr die Neue Welt verstehn.
Sieh mit dem Herzen, und lebe, was du fühlst,
dann bist du immer richtig, goldrichtig.
Dein Stern leuchtet dir den Weg.
Das Leben hält noch viele Wunder für dich bereit auf dem Weg in die Unendlichkeit.

Seelenplan

Jedes Wesen hat einen Seelenplan, mit dem es auf die Erde gekommen ist. Mit diesem erlebt es seinen Seelenweg, den es für diese Inkarnation gewählt hat, und erfüllt seinen Lebensplan, der reich an Erfahrungen ist.

Der Ruf der Seele, ihren Seelenplan zu finden und zu leben, ist stark. Darum sind so viele Menschen auf der Suche. Viele von ihnen sind verwirrt und fragen sich oftmals, wo sie sich gerade befinden und ob sie noch auf dem richtigen Weg sind.

Ist dies auch bei dir der Fall, möchten dir die Pegasus-Einhörner als Erstes sagen: »Du bist goldrichtig, da, wo du bist! Du bist dem Ruf deiner Seele, ob bewusst oder unbewusst, bis hierher gefolgt und hast bereits viel glückliche, aber auch schmerzhafte Erfahrungen in deiner Seele gespeichert. Du musst deinen Seelenplan nicht finden, denn du hast ihn nicht verloren. Es geht stattdessen darum, ihn anzunehmen und so mutig zu sein, ihn zu leben. Denke daran, geliebtes Wesen!

Du verfügst über einen Seelenplan, weil du einen Seelenauftrag hast, und deine Seele ist bestrebt, diesen zu erfüllen. Ein Seelenplan ist aber nichts Festgeschriebenes, denn du bist ein Wesen mit einem freien Willen. Du kannst dich immer wieder neu entscheiden und deinen Weg gehen.
Wir Pegasus-Einhörner sind dir in deinem irdischen Sein sehr nahe und geben dir unsere Seelenführung. Wir stupsen dich in die Richtung, die deiner Seele, deiner Entwicklung jetzt dient.
Konzentriere dich auf deinen Seelenweg, denn auf ihm folgst du deinem Herzen. Sieh deinen Seelenplan doch einmal als große Landkarte an. Auf dieser sind mehrere fixe Stationen eingezeichnet, aber es fehlen Straßen, die zu diesen Stationen führen. Das bedeutet aber, dass du die Wege zu diesen Fixpunkten frei wählen kannst. Vollende deinen Seelenplan, indem du Wege beschreitest, die dich zu den ›Städten‹ führen, von denen du zugesagt hast, sie in diesem Leben zu besuchen. Wisse, dass sich dein Plan von ganz allein erfüllt!«

Übung/Meditation/Affirmation

Die Pegasus-Einhörner möchten dich nun mit Mut segnen, mit Mut, deinen Seelenauftrag zu leben.
Stelle dich bitte hin, und schließe deine Augen.
Spüre anhand eines Windhauchs die Ankunft eines Pegasus. Dieser kommt dir jetzt ganz nahe, er stellt sich auf seine Hinterbeine und umfasst dich ganz und gar mit seinen ausladenden Lichtschwingen. Somit überträgt er dir Herz an Herz die Energie des Mutes. Spüre, wie die Energie in dich hineinfließt. Sie richtet dich auf und motiviert dich, das zu tun, was gerade getan werden soll und muss. Schreite mutig auf deinem Weg voran!
Bedanke dich bei dem Pegasus, und rufe ihn immer, wenn dich einmal der Mut verlässt. Er wird bei dir sein!

Seelenhochzeit

Mit dieser Karte möchten dir die Pegasus-Einhörner mitteilen, dass etwas zu dir zurückkehrt, was zu dir gehört. Vielleicht findet etwas auf wundersame Weise zu dir zurück, von dem du glaubtest, dass es längst verloren sei. Vielleicht steht aber auch eine tatsächliche Hochzeit oder Verlobung in deinem Umfeld oder in deinem eigenen Leben an.

»Geliebtes Wesen, wir senden dir all unsere Liebe und fragen dich: Bist du bereit, das zu empfangen, was zu dir gehört, zu deiner Seele? Bist du bereit, es in deinen Händen und im Herzen zu tragen? Bist du bereit, deine dir verloren gegangenen Seelenanteile zurückzunehmen und sie in dir wieder in eine Einheit zu bringen?

Vielleicht fragst du dich jetzt gerade, wie Seelenanteile überhaupt verloren gehen können? Meist verschwinden Seelenanteile nach dem Erleben einer traumatischen Situation, wie zum Beispiel dem Verlust von Mutter oder Vater in der Kindheit, einem Unfall, dem Erfahren von Gewalt, bei jeglicher Form von Misshandlung, beim Tod eines geliebten Menschen, großen Sorgen, Ängsten, Mobbing oder Ähnlichem. Solche Erfahrungen kann die Seele nicht unbedingt verarbeiten, und der Seelenteil, in dem das Erlebnis gespeichert ist, spaltet sich einfach ab. Wenn du heute bereit bist, deine seelische Vollkommenheit zurückzuerhalten, mache die nun folgende Meditation. Dann feiere deine Seelenhochzeit durch die Verbindung mit all deinen dir verloren gegangenen Anteilen.

Übung/Meditation/Affirmation

Suche dir einen ruhigen Platz, lege oder setze dich ganz entspannt hin, schließe deine Augen, und lasse geschehen, was nun passieren darf.
Eine dich ganz behütend einhüllende Energie umfängt dich. Jesus/Sananda und der Hohe Rat der Einhörner betreten den Raum. Sie versammeln sich um dich herum. Jesus/Sananda spricht: »Um zu gehen in die goldene Zeit, feiern wir heute deine Seelenhochzeit.« Er tritt ganz nahe an dich heran, und im himmlischen Kreis bittet er deine Seelenanteile, zu dir zurückzureisen. Einer nach dem anderen kommen sie wie Lichtbälle herbeigeflogen,

und die Seelenhochzeit kann nun vollzogen werden. Nacheinander fließen sie in dich hinein, um dort für immer zu bleiben.
Die Geschenke des Himmels folgen nun als Dank und Belohnung für dein großes Tun. Deine Seele ist so viele Wege gegangen und hat so viel erlebt, nur damit heute vollendet werden kann, was so lange ersehnt wurde.
Du bist ab jetzt verbunden mit der vollkommenen göttlichen Essenz deines Seins. Erlebe den Himmel auf Erden. Alles ist bereitet, die Wege sind geebnet, verbunden ist, was zusammengehört, und alle sind bereit, gemeinsam mit dir den Weg zur Einheit zu gehen.
Jesus/Sananda nimmt deine Hand und spricht: »Heute trägst du dein vollkommenes Seelenkleid, und ich vermähle dich nun auf alle Zeit mit der Quelle der Liebe, der Göttlichkeit.«
Spüre, und erlebe das Gefühl der vollkommenen Göttlichkeit, die du bist!
Der Hohe Rat der Einhörner steht ganz dicht im Kreis um dich herum, und die Einhörner richten gemeinsam ihre Lichthörner über dir zusammen. Dann lassen sie einen wundervollen Segen in dein Leben und auf deinen Lebensweg fließen, sodass du ihn mit deinem Seelenplan und Weg vereinen kannst.

Genieße diesen Zustand so lange, bis du das Gefühl hast, dass alles wieder an seinem Ort ist. Vielleicht empfängst du nun auch Bilder zu den Situationen, in denen die Seelenanteile deinen Körper verlassen haben. Komme nach und nach neu gestärkt in deiner seelischen Vollkommenheit wieder zurück ins Hier und Jetzt, oder schlafe ein, wenn du müde bist.

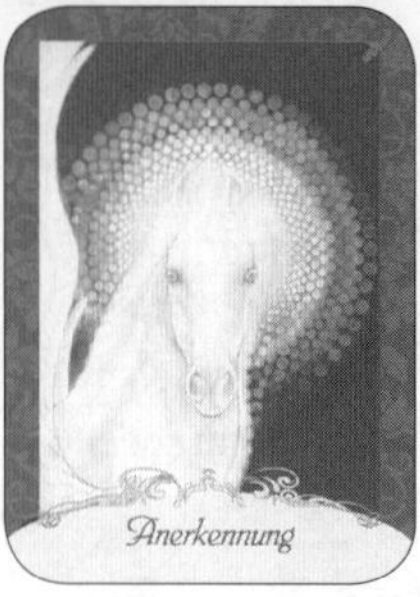

Anerkennung

Wenn du diese Karte ziehst, sagen dir die Pegasus-Einhörner: »Liebe und respektiere dich selbst. Liebe dich am meisten, denn dann bist du frei im Umgang mit anderen Menschen, weil du nicht auf die Anerkennung anderer angewiesen bist. Schenke dir die Anerkennung, die du benötigst, um dich zu stärken. Damit kannst du dich mehr und mehr entfalten.«
Die Botschaft der Lichtwesen an dich lautet: »Tue das, was du für richtig hältst, und gehe deinen Weg unbeirrt von den Stimmen anderer weiter. Wir glauben an dich und wünschen uns nichts mehr, als dass du ein zufriedenes, erfolgreiches Wesen bist. Glaube an dich!«
Du wirst sehen, wie ein positives Selbstbild dein Tun und Wirken und dein Umfeld beeinflusst.

Übung/Meditation/Affirmation

Um dir selbst Anerkennung zu schenken und um dich positiv auszurichten, kreiere dir deine eigene Anerkennungsaffirmation. Diese kannst du immer anwenden, wenn du Anerkennung benötigst, um dich selbst zu motivieren, egal, ob sie dir unter deinen Freunden, in deiner Partnerschaft oder im Job fehlt.
Hier ein Beispiel für eine Anerkennungsaffirmation:

»Ich bin die göttliche Kraft in mir!«

Es gibt viele Variationen einer solchen Affirmation und auch ausführliche Fachliteratur zu diesem Thema. Vielleicht möchtest du dich tiefer in die Thematik einlesen, damit du die richtigen Worte für dich und deine Seele finden kannst. Besonders hilfreich dazu sind die Bücher von Dr. Joseph Murphy und Louise L. Hay.

Angst

Die Pegasus-Einhörner senden dir mit dieser Karte folgende Worte: »Geliebtes Wesen, die Angst ist manchmal wie ein großer Berg, der kaum überwindbar scheint, aber zugleich faszinierend ist. Nur: Wie bezwingt man ihn und die mit ihm verbundene Angst? Schafft man es oder nicht? Wir bitten dich: Wage es! Viele Wege führen zum Schöpfer, und einer geht auch über die Berge und den Berg der Ängste. Betrachte den Berg und deine Angst doch als etwas Heiliges, denn dadurch wird der Aufstieg auf den Berg und über ihn hinweg zu einem heiligen Weg. Höre auf das Echo deiner Schritte, denn es ist der Ruf deiner Seele. Folge ihm, es trägt dich über den Berg. Hinter dem Berg und nach der Angst erwartet dich ein positives Gefühl, bitte denke immer daran.«

Übung/Meditation/Affirmation

Schließe die Augen, und fühle in dich und deine Ängste hinein. Welche Angst zeigt sich gerade jetzt, in diesem Moment? Worin behindert dich diese Angst? Blockiert sie dich auf deinem Weg?
Lasse sie vor deinem geistigen Auge zu einem scheinbar unüberwindbaren Berg werden, segne diesen Berg und somit deine Angst, und rufe einen Pegasus an deine Seite. Bitte ihn, dich beim Erklimmen dieses Berges zu begleiten. Wenn du ins Wanken gerätst, wird er dich stützen und dir weiterhelfen. Du nimmst deinen ganzen Mut zusammen und beginnst, den Berg zu besteigen, immer höher und höher, Stückchen für Stückchen. Fühle zwischendurch immer wieder die Liebe und die Unterstützung des Pegasus-Einhorns an deiner Seite. Dir kann nichts geschehen. Du schaffst den Aufstieg. Nun bist du am höchsten Punkt angekommen, und was du siehst, ist nicht deine Angst, sondern Weite, die dir den Blick auf das Wesentliche ermöglicht.
Jetzt bemerkst du, dass deine Angst ganz unnötig war. Bedanke dich bei ihr, dass sie sich dir gezeigt hat, und beginne voller Leichtigkeit den Abstieg. Unten angekommen umarmt dich der Pegasus mit seinen Lichtschwingen, und er sagt dir, wie mutig du doch bist und

dass er ganz stolz auf dich ist, dass du den Aufstieg gewagt hast. Du drehst dich noch einmal zu dem Berg um, doch er ist verschwunden.

Voller Freude über das Erreichte lädt dich das Pegasus-Einhorn ein, auf seinem Rücken Platz zu nehmen, und ihr fliegt los in die Weite. Du verspürst ein unendlich tiefes Gefühl der Befreiung. Genieße diesen Moment, solange du möchtest, und komme dann ganz entspannt wieder im Hier und Jetzt an.

Wiederhole diese Übung immer, wenn du Angst verspürst.

Belohnung

Es ist an der Zeit, Belohnungen zuzulassen und anzunehmen.
Wir Pegasus-Einhörner bitten dich: »Greife nach den Sternen, sie leuchten dir den Weg, auf dem du eine Herausforderung nach der anderen wundervoll meistern kannst. Belohne dich mit dem Glauben an dich und dein Tun und dein Wirken. Belohne dich mit dem Vertrauen in dich, geliebtes Wesen. Das ist das größte Geschenk, das du dir selbst machen kannst. Du wirst belohnt für dein großes Tun, sei dir dessen gewiss.«

Bei dem Wort Belohnung öffnen sich in mir Bilder von Eis und Süßigkeiten, mit diesen habe ich das Wort Belohnung in meiner Kindheit verknüpft. Das wiederum erinnert mich an mein Inneres Kind, das am liebsten immer noch in das kleine Lädchen um die Ecke laufen würde, um sich dort als Belohnung für eine gute Note oder Ähnliches eine Tüte Süßigkeiten zu kaufen.
Höre auf dein Inneres Kind, und lasse dich von seiner Verspieltheit anstecken, habe Spaß, und nimm das

Leben nicht immer so ernst. Gehe spielen, und habe Freude am Leben. Das Leben ist ein großer Spielplatz. Belohne dich selbst, und schaue, wie sich alles fügt. Vielleicht hattest du schon einmal einen Belohnungstraum? In einem solchem Traum bist du beispielsweise in einer Bäckerei und suchst dir den leckersten Kuchen aus. Danach passiert immer etwas ganz Wundervolles! Darüber hinaus bringen dir die Pegasus-Einhörner mit dieser Karte eine Botschaft der Drachen. Diese möchten auch von dir gehört und gesehen werden. Sie hüten einen mächtigen Schatz im Erdinneren. Du kannst dich, wenn du möchtest, auf den Weg zu ihnen machen, um sie und ihr Wirken kennenzulernen. Frage die Pegasus-Einhörner, sie werden dich von Herzen gern zu den Drachen tragen.

Übung/Meditation/Affirmation

Kaufe deinem Inneren Kind jetzt ein Eis oder das, wonach es verlangt! Und habe heute Spaß! ☺ ☺ ☺

Bewegung

Bewegung ist die Kraft, die den Motor im Inneren entzündet. Dieser bringt dich weiter und transformiert, was in Stillstand geraten ist. Die Pegasus-Einhörner bringen dir Bewegung auf geistiger Ebene und bitten dich, auch den körperlichen Bewegungsstillstand zu vermeiden. In unserer hektischen Zeit ist oftmals wenig Zeit, um den Motor richtig in Gang zu bringen. Aber nur, wenn er immer mal wieder auch auf Hochtouren gelaufen ist, kann er dauerhaft, gleichmäßig und ohne Störungen funktionieren.

»Wir Pegasus-Einhörner bitten dich, heute dem Impuls zu folgen, den wir dir eingeben, und einen Spaziergang durch die Natur zu machen oder irgendeiner anderen Form der sportlichen Betätigung, die du gern magst, nachzugehen. Setze dich in Bewegung!«

Die Karte der Bewegung sagt dir auch, dass nun der richtige Moment gekommen ist, um ein wichtiges Gespräch zu führen oder um etwas Neues zu beginnen. Folge deiner Intuition. Egal, was du heute in Gang setzen und in Bewegung bringen möchtest – die Pegasus-Einhörner unterstützen dich dabei.

Übung/Meditation/Affirmation

Setze oder lege dich entspannt hin, schließe deine Augen. Wende deinen Blick innerlich nach oben, und rufe die Pegasus-Einhörner. Nun erblickst du im Himmel eine Herde Pegasus-Einhörner anmutig zu dir hinabfliegen. Sie landen um dich herum, und ihr begrüßt euch voller Freude. Du berührst sie ganz zart, schaust ihnen in die Augen, und eine kribbelnde Welle nach der anderen erfasst dich und dein Sein. Genieße diese Begegnung.

Sie bilden einen Kreis um dich herum, du stehst in ihrer Mitte, und sie beginnen, sich rhythmisch zu bewegen, ja, zu schweben. Ihr lichter Tanz erzeugt eine kraftvolle Energiespirale. Du beginnst, mit ihren dynamischen Drehungen zu schwingen wie ein Pendel. Du bemerkst staunend, dass auch du langsam in der Mitte der Lichtwesen schwebst. Du fühlst dich ganz versunken in der Leichtigkeit dieses unglaublich schönen, schwebenden Zustands. Die Pegasus-Einhörner schwingen und tanzen weiter und bringen dich dadurch noch mehr in Bewegung. Sie hüllen dich in transformierende Bewegungsenergie ein, die dich und alle deine Lebensbereich durchströmt und alles zum Schwingen bringt.

Genieße die Situation so lange du möchtest, und komme dann ganz beschwingt wieder im Hier und Jetzt an.

Dualität

Tag – Nacht, oben – unten, schwarz – weiß, Erfolg – Misserfolg, all dies sind Begriffe, die die Dualität umschreiben.

Die Pegasus-Einhörner sagen dazu: »Wir helfen dir, Situationen des Urteilens und des Verurteilens zu erkennen. Diese sind gegenseitige Belastungen. Dann geht es immer um Bewertungen (gut/schlecht) oder um deine eigenen Gedanken (positiv/negativ). Das bringt deinen Emotionalkörper immer wieder ins Schwanken und führt dich in Konflikte, die mit »faulen« Kompromissen enden. Wir bitten dich, zu akzeptieren anstatt zu bewerten. Durch deine Akzeptanz öffnet sich dir der Zugang in höhere Welten, in ein neues Bewusstsein.

Übung/Meditation/Affirmation

Folgendes Beispiel hat mir persönlich sehr dabei geholfen, die Dualität zu verstehen:

Ein Mann gewinnt in einer Lotterie ein Auto. Seine Familie kommt zu ihm, um ihn zu beglückwünschen und um sich mit ihm zu freuen. Alle sagen: »Mensch, bist du ein Glückspilz!«, und er antwortet: »Mag sein.«
Ein paar Wochen später – der Mann ist mit seinem neuen Wagen unterwegs – fährt ihm auf einer Kreuzung ein Betrunkener ins Auto. Der Mann kommt mit Verletzungen ins Krankenhaus. Als ihn seine Familie besucht, sagt diese: »Mensch, das war jetzt aber Pech!« Er erwidert wiederum: »Mag sein.«
Dieser Mann lebt aber in einem Haus an der Küste, und in der Zeit seines Krankenhausaufenthaltes wird dieses Haus eines Nachts von einem Erdrutsch vollkommen zerstört. Seine Familie kommt wieder zu ihm und sagt: »Mensch, zum Glück warst du in dieser Nacht nicht in deinem Haus!«, und er antwortet: »Mag sein.«
Wir können mit unseren Bewertungen und unserem Schubladendenken nicht wirklich den höheren Sinn dessen, was geschieht und geschehen soll, erfassen. Doch die Akzeptanz dessen ist ein großer Segen, werde dir darüber bitte bewusst.

Einheit

Die Pegasus-Einhörner tragen dich zu Gott, um dich mit ihm zu vereinen. Es ist der Wunsch des Schöpfers, in direktem Kontakt mit dir zu sein, und den Pegasus-Einhörnern, den wundervollen, anmutigen geflügelten Wesen, ist es eine große Ehre, dich direkt zu ihm zu bringen. Sie sagen dir: »Geliebtes Wesen, du bist genau wie wir ein Wesen Gottes – auch wenn du manchmal traurig zu dir sagst ›Wer bin ich schon …‹. Wir sagen dir, du bist nicht mehr und nicht weniger als jedes andere Wesen, das sich auf den Weg gemacht hat, Erfahrungen auf der Erde zu machen und den Dienst an der Erde zu erleben.

Dein Herz strahlt genau wie jedes andere Herz. Ob bewusst gelebt oder erkannt wird, was das Herz möchte, ist aber etwas anderes. Aber kein Wesen ist privilegierter als das andere. Das ist nur Schein, aber keine Wahrhaftigkeit.

Wir schenken dir jetzt mit unserer Berührung das Bewusstsein darüber, wie nahe dir Gott ist und wie nahe du ihm bist! Wir erbitten die Verschmelzung für dich.

Diese ist das höchste Ziel, sie führt dich in die bewusste Gegenwart Gottes. Halte immer wieder Zwiesprache mit dem Schöpfer, das wird dich den Schein des Getrennt-Seins erkennen lassen.«

Übung/Meditation/Affirmation

Immer wenn ich eine tiefe Sehnsucht nach Gott verspüre und/oder sehr viele Fragen habe, rufe ich die Pegasus-Einhörner und bitte sie, mich abzuholen und in den Schoß Gottes zu tragen.

Ich spüre dann, dass ich wie ein Kind in seinem Schoß liege. Oft muss ich dann erst einmal weinen. Es geht mir immer so, denn in seinem Arm fällt der ganz Druck von mir ab, und ich fühle mich von ihm gehalten und getröstet und durch das Weinen erleichtert.

Wenn auch du dir auf diese Weise einen solchen Moment herbeibittest, denke daran, dass er bei dir auch anders sein kann. Sei einfach offen für das, was dann geschehen darf.

Für mich ist es das Spannendste, wenn er mir die Frage stellt, was ich auf dem Herzen habe. In der Sekunde, in der ich anfangen möchte zu erzählen, sind bereits alle

Fragen beantwortet. Er hält mich, und ich fühle mich so unendlich geliebt und mit ihm verbunden.
Manchmal schlafe ich in dieser Verbindung ein, oder ich lasse mich, wenn ich noch im Wachsein verspüre, dass es so weit ist, wieder zu gehen, von dem Pegasus zurück zu meinem Ausgangspunkt bringen.
Begegnungen dieser Art sind sehr stark emotional festigend.

Erfahrung

Die Pegasus-Einhörner sagen dir mit dieser Karte: »Erfahrungen sind wichtig, sie prägen dein Sein, lasse sie zu, und sorge dafür, dass sie dir niemand nimmt. Folge deinen inneren Impulsen, und tue, was für dich zu tun ist.«

Denke einmal an Eltern, die einem Kleinkind immer wieder sagen: »Das ist heiß, fass das nicht an.« Aber erst, wenn es kurz die Hitze und den Schmerz selbst verspürt hat, kann es das Wort »heiß« mit dem dazugehörigen Gefühl verknüpfen. Vielleicht sind Menschen in deinem Umfeld gegen Entscheidungen, die du getroffen hast. Wahrscheinlich möchten sie dich vor – in ihren Augen – Fehlentscheidungen bewahren. Aber es gibt keine falschen Entscheidungen, nur Erfahrungen, die du machen und im Herzen tragen kannst. Erfahrungen dienen dir, auch wenn sie sich erst einmal schlecht anfühlen. Sie können eine wichtige Grundlagen für deinen Weg sein. Ich weiß heute, dass alles, was ich erfahren durfte, einen Sinn für mein Leben hatte, egal, ob es positive Erfahrungen waren, wie die Liebe meiner Eltern und meiner

Familie, oder aber Begegnungen mit Menschen, die mich in für mich schreckliche Situationen gebracht hatten. Alle diese Erfahrungen waren für mich zutiefst wichtig, sodass ich heute anderen Menschen mit Mitgefühl und erlebtem Wissen beistehen kann.
Egal, in welcher Situation du dich gerade befindest – nimm die Erfahrung dankbar an, und lasse andere ihre Erfahrungen machen, denn sie dienen auf ihre Weise.

Übung/Meditation/Affirmation

Denke einmal zurück an bestimmte Situationen aus deiner Vergangenheit, um dir über den Schatz deiner Erfahrungen bewusst zu werden. Welche deiner Erfahrungen ist dir heute noch ein wichtiger Ratgeber?
Manifestiere diese in deinem Bewusstsein, und erinnere dich daran, wenn die nächste Erfahrung deinen Lebensweg betritt. Wisse, sie wird dir dienen!

Erkenntnis

Die Erkenntnis deines Seins ist die Basis für dein Denken über den Himmel und die Welt. Durch dieses Erkennen wirst du frei. Dann kannst du werden und sein, wer und was du sein sollst. Erkenne, wer du selbst bist!

Die Pegasus-Einhörner laden dich ein, jetzt mit ihnen auf die nächste Stufe zu steigen. Dann erkennst du, dass alles Wissen bereits in dir ist und dass du in dieser neuen Zeit durch Impulse und Erinnerungen alles abrufen kannst, was du an Information benötigst. Bedenke, dass jeder seine eigene Wahrheit hat und diese für jeden Einzelnen auch immer richtig ist.

Wir Pegasusse bitten dich: »Stelle niemanden mehr auf einen Sockel, beispielsweise indem du denkst ›der- oder diejenige hat schon alles spirituelle Wissen erlangt, aber mir bleibt es verschlossen‹. Glaube uns, das ist ein Trugschluss. Er kommt aus der ›alten‹, vermeintlichen Spiritualität, die zu Abhängigkeiten von Lehrer und Schüler geführt hat.

Alles Wissen ist für jeden gleichermaßen zugänglich. Bitte erkenne dies, und sei dir deiner Funktion als göttliches Wesen bewusst. Erkenne deine Vollkommenheit. Werde selbst der Meister oder die Meisterin deines Wissens. Das funktioniert ganz einfach. Wir erklären es in der nun folgenden Übung.«

Übung/Meditation/Affirmation

Stelle dir vor, dass du stets einen Bauchladen mit dir trägst, den du mit all dem füllen darfst, was dir entspricht.
Hörst du beispielsweise heute Abend einen Vortrag und mit zwei der gesprochen Sätze gehst du 100%ig in Resonanz, entsprechen diese deiner Wahrheit. Dann springt deine Seele innerlich auf und sagt: »Ja, genau so ist es!« Empfindest du so etwas, dann packe die Worte in deinen Bauchladen, schließlich entsprechen sie ja deiner Wahrheit!
Auf diese Weise sammelst aus jedem Buch, das du liest, bei jeder Begegnung, die du erlebst, und bei jedem Gespräch, das du führst, in deinem Bauchladen nicht nur eine Wahrheit, sondern deine Wahrheit. Und so wirst du mit der Zeit zum Meister oder zur Meisterin deines

Selbst, weil du deine Wahrheit für dich erkannt hast und nicht nur irgendeine Wahrheit gefunden hast. Somit bist du dann, wer du bist!

Eine hilfreiche Affirmation zu diesem Thema lautet:

> »Ich bin der, der ich bin«, oder »ich bin die, die ich bin!«

Freiheit

Mit dieser Karte bitten dich die Pegasus-Einhörner, mit alten Gewohnheiten aufzuräumen. Oder sie fordern dich auf, wirklich den Schritt in die Freiheit zu wagen, egal, in welchem Bereich und auf welcher Ebene.
Du wirst wahrscheinlich genau wissen, was sie meinen, denn du bist die/der Einzige, die/der die Verstrickungen, Kompromisse und Gewissenskonflikte in deinem Inneren kennt. Schenke deiner Seele Freiheit!

Die Pegasus-Einhörner sagen dir:

> »Die Freiheit des Herzens ist wunderbar, so tragen wir dich von Jahr zu Jahr.
> Durch den Zyklus von Werden, Vergehen und Sein, blicken wir in die Leere deines Herzens hinein.
> Wir schenken dir Liebe, geben dir Kraft, sodass du erkennen kannst die dunkle Seite, die andere, die manipulative Macht.

Sie spielt dir vor, vollkommen zu sein, doch wir blicken an so mancher Stelle in Leere hinein.
Sie zeigt sich dir in so manchem Verlangen, in Gewohnheit und in Suchtverhalten – lasse sie los, die Gewohnheiten, die alten.
Die Illusion, die Blendung wird schnell vergehen, denn was könnte schon reiner göttlicher Liebe entgegenstehen.
Lasse dich tragen zur Quelle der Liebe auf himmlische Weise, und beginne die Pegasus-Freiheitsreise.«

Übung/Meditation/Affirmation

Suche dir einen ruhigen Ort, setze oder lege dich entspannt hin, und schließe deine Augen.
Rufe nun den Pegasus der Freiheit des Herzens an deine Seite. Er landet neben dir und sagt: »Sei gegrüßt, geliebtes Wesen, mein Name ist Piligryam, und ich bringe dich nun zur Freiheit des Herzens. Wir fliegen gemeinsam zur Quelle der Liebe. Komme mit mir, und steige auf meinen Rücken.«
Du nimmst ganz behutsam Platz, und ihr fliegt los. Einen Augenblick später kommt ihr an einer Wasserquelle

an, an der die schönsten Blumen wachsen. Alles steht in voller Pracht und erstrahlt in den buntesten Farben. Ihr landet, du steigst ab und spürst sofort, wie unendlich weit dein Herz gerade geöffnet ist. Piligryam schaut dich liebevoll an und sagt: »Wie schön du aussiehst mit deinem so weit geöffneten Herzen!«
Fühle dein Herz, und nimm wahr, wie viele wundervolle Erfahrungen und Herz-zu-Herz-Begegnungen dir geschenkt werden können. Vertraue darauf, dass du dein offenes Herz anderen Menschen zeigen kannst. Verschließe es nicht länger aus Furcht vor Verletzungen. Öffne dein Herz jeden Tag aufs Neue, und gewöhne dich langsam daran, wie es sich anfühlt, mit weit geöffnetem Herzen zu leben.
Du bemerkst jetzt direkt neben dir einen Engel, der dich sanft mitten im Herzen berührt. Sofort kannst du ganz erleichtert aufatmen. Du beobachtest, wie der Engel zu der Quelle geht und glitzerndes Wasser mit einem Gefäß auffängt. Er kommt mit liebevollem Blick zu dir zurück und gießt das Quellwasser langsam in dein Herz. Sofort erfasst dich ein unglaublicher Liebesstrom, der alle Leere in deinem Herzen ausfüllt. Du merkst, dass du von Sekunde zu Sekunde vollkommener und geistig stärker wirst.

Welch unglaublich positive Macht die Liebe doch ist! Sie vermag, alles zu heilen und alles zu sein. Dies wird dir in diesem Moment bewusst. Damit erweitert sich dein Bewusstsein, und du weißt, du bist gewachsen, wieder ein Stück weitergewachsen. Der Engel umarmt dich innig und sagt: »Ich bin der Engel der Freiheit des Herzens, ich warte hier an dieser Quelle auf alle Wesen, die sich der Liebe zu sich selbst vollkommen öffnen möchten. Wie schön, dass du heute den Weg zu mir gefunden hast! Sei wohlbehütet auf deinem weiteren Weg, und genieße die neue Freiheit deines Seins, deines Herzens.« Bedanke dich bei dem Engel, und lasse dich von Piligryam wieder zurück zu deinem Ausgangspunkt tragen. Komme ganz befreit wieder im Hier und Jetzt an.

Führung

Die Pegasus-Einhörner möchten dir mit dieser Karte mitteilen, dass sich für dich durch eine dich liebende Führung bald eine glückliche Fügung ereignen wird. Es gibt so viele Wege zu den Sternen. Jeder braucht eine Hand, die ihn hält, ganz besonders in Momenten der Einsamkeit, der Traurigkeit. Deine Führung lässt dich Herzenswärme spüren, sie gibt dir das Gefühl, nicht allein zu sein. Sie lässt dich spüren, dass du über alle Maßen geliebt wirst.

Die Pegasus-Einhörner sagen dir außerdem: »Da du unsere Anwesenheit und die der Engel und Einhörner nicht immer wahrnehmen kannst, möchten wir dich unsere Berührungen spüren lassen. Auf diese Weise kannst du dieses Gefühl der Berührung mit der Anwesenheit des jeweiligen Lichtwesens verbinden. Dann erkennst du Führung und Zeichen leichter.«

Damit du auch wirklich weißt, welches himmlische Wesen gerade an deiner Seite ist bzw. damit du ihre unterschiedlichen Energien unterscheiden kannst, führe bitte die nun folgende Begegnungsmeditation durch.

Übung/Meditation/Affirmation

Unterscheidung von Engel, Einhorn und Pegasus
Suche dir einen ruhigen Ort, an dem du in der nächsten Zeit ungestört bist. Setze oder lege dich bequem hin, schließe deine Augen, und öffne dein Herz.
Rufe als Erstes deine lieben Schutzengel an deine Seite. Bitte sie, dir und deiner Aura ganz nahezukommen und dich jetzt zu berühren. Spüre ihr liebevolle Berührung wie zum Beispiel ein Streicheln deiner Wange, ein Kribbeln im Ohr oder an deiner Nase, einen kribbelnden Strom auf deiner Stirn oder Ähnliches. Durch diese, eure Berührung weißt du es von nun an immer, wenn deine Schutzengel an deiner Seite sind. Bedanke dich bitte bei deinen Schutzengeln.
Bitte nun deine persönlichen Einhörner an deine Seite. Fühle, wie sich ihre Energie in deiner Aura ausbreitet. Eines kommt dir jetzt ganz nahe und berührt dich liebevoll. Spüre nun bitte diese Berührung. Wo nimmst du sie wahr? Was spürst du? Vielleicht ein Stupsen an deiner Hand, im Gesicht oder am Herz? Wo auch immer du sie erfahren hast, verknüpfe die wahrgenommene Berührung gedanklich mit deinen Einhörnern und ihrer Anwesenheit. Wisse: Auch wenn du sie nicht sehen

kannst, sind sie bei dir! Bedanke dich bei deinen Einhörnern.
Nun bitte die Pegasus-Einhörner zu dir an deine Seite. Vielleicht nimmst du sogleich das Geräusch eines vor dir landenden Pegasus wahr? Jetzt tritt seine Energie in deine Aura ein. Der Pegasus breitet seine großen Lichtschwingen aus und umfasst dich mit all seiner Liebe. Spüre seine Berührung an deinem Körper, und verbinde diese Berührung mit dem Pegasus.
Da nun gerade all diese Wesen um dich herum versammelt sind, bitte sie doch darum, dass sie jetzt gemeinsam deine Aura streicheln, und genieße das, was nun geschieht.

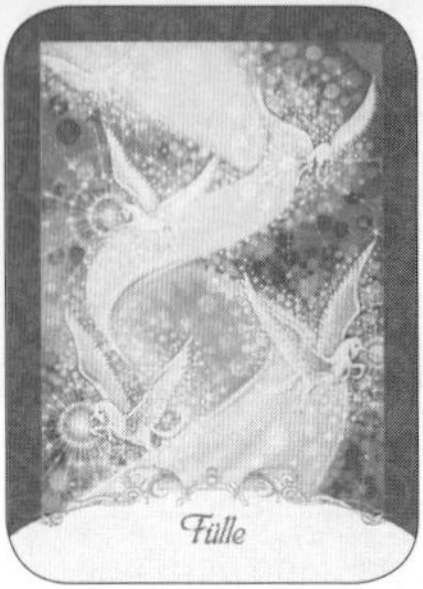

Fülle

Die Karte der Fülle schenkt dir den Reichtum des Universums. Die Pegasus-Einhörner schütten heute ein Füllhorn über dir und deinem Weg aus.

Alles ist im Überfluss vorhanden, Fülle muss nicht immer mit Geld einhergehen. Dieses kann dir aber bald nach dem Ziehen dieser Karte auf der materiellen Ebene zuteilwerden. Vielleicht erwartet dich eine Gehaltserhöhung, eine unerwartete Rückzahlung oder Ähnliches. Der Himmel sorgt für dich, wenn du der unerschöpflichen Fülle des Universums vertraust. Benötigst du Geld, bitte darum, und wenn der Zweck dir dienlich ist, wird es ganz bestimmt von irgendwoher zu dir kommen und dir die Schritte ermöglichen, die du gerade machen musst.

Die Botschaft des Pegasus-Einhorns der Fülle lautet: »Geliebtes Wesen, ich er-Fülle dein Herz mit meiner Berührung der Liebe, ich er-Fülle deine Seele mit der Gewissheit des ewigen Seins, ich er-Fülle deinen Körper mit allem, was er benötigt, ich er-Fülle dein Leben

mit meiner Anwesenheit und bitte für dich um die er-Füllung deiner Träume und Visionen.
Alles ist bereitet, alle sind bereit zu Führung, Schutz und himmlischem Geleit.
Geliebtes Wesen er-Fülle deinen göttlichen Plan. Es ist für alles gesorgt. Du brauchst nichts weiter tun, als an dich zu glauben und dir bewusst zu machen, dass du Fülle und Liebe verdienst. Vertraue darauf, dass sich alles er-Füllt!

Übung/Meditation/Affirmation

Denke dich groß! Denke immer so, als sei bereits alles vorhanden, was du benötigst. Sei versichert, dass immer genügend von allem da ist und dass alles, was du brauchst, schon bald in der materiellen Realität sichtbar werden wird.
Du kannst auch Affirmationen ausprobieren, um den Geldfluss anzuziehen:

»Finanzieller Reichtum fließt jetzt ungehindert zu mir.«

»Die Allweisheit führt und leitet mich in allen Dingen, die Segnungen des Lebens werden mir in reichem Maße zuteil, und meine Zukunft wird von Glück überstrahlt sein.«

Geduld

Geduld ist das, was du brauchst, um deinem Erwachen wie dem Erblühen einer Blume zusehen zu können. Geduld ist eine Tugend, aber sie nervt … Sie bedeutet warten, ab-warten, er-warten. Man wartet auf etwas, von dem man oftmals noch gar nicht weiß, was es ist. Währenddessen ist man in einer angespannten Haltung und fragt sich, wann es denn endlich so weit ist, wann sich Tür und Tor auch für mich öffnen.

Kennst du den Spruch und das damit verbundene Gefühl »Ich fühle mich bestellt und nicht abgeholt«? Mit dieser Karte möchten dir die Pegasus-Einhörner jedoch mitteilen: »Jedes Wesen wird abgeholt, egal, wo es steht. Du kannst den Moment nicht verpassen und brauchst auch nicht wartend dazustehen. Lebe dein Leben voller Freude, und wenn der Moment kommen soll, geschieht er. Aber er wird ganz anders sein, als du ihn dir vorgestellt hast.«

Deine Geduld wird belohnt! Sei, und wisse, es ist so und wird so sein.

Übung/Meditation/Affirmation

Hier eine Affirmation, Geduld in Gelassenheit umzuwandeln:

> »Ich bin vollkommen entspannt im Fluss des Lebens und immer zur rechten Zeit am rechten Ort.«

Glück

Mit dieser Karte stellen die Pegasus-Einhörner dir heute die Frage: »Bist du glücklich?« Höre auf das, was als erstes Gefühl in dir aufsteigt. Ist es ein fröhliches Ja oder ein trauriges Nein?

Wenn du mit Ja geantwortet hast, fühle in dich hinein und frage dich, woher dieses positive Gefühl kommt. Welche Lebensumstände tragen zu deinem Glück bei?

Wenn du ein Nein vernommen hast, frage dich bitte, was für dich Glück ausmacht.

Glück ist nichts, was man kaufen kann. Deine Einstellung zum Glück beeinflusst aber, wie viele glückliche Momente du tatsächlich erlebst. Dein Glück hängt nicht davon ab, wer du bist oder welche Statussymbole du vorweisen kannst, Glück hängt von deinem Denken ab. Fühle in alle deine Lebensbereiche wie Familie, Partnerschaft, Job, Freunde, Freizeit usw. hinein, und nimm wahr, bei welchem du die wenigsten Glücksempfindungen hast.

Die Pegasus-Einhörner möchten dir dabei helfen, dein Glück in allen Lebensbereichen erblühen zu lassen: »Ge-

liebtes Wesen, damit du mit dem, was du hast, glücklich bist, musst du es aus dem Blickwinkel der Liebe betrachten. Schaue nicht hinüber zum Nachbarn oder auf deinen Kollegen, der schon wieder befördert wurde. Für jeden Menschen fühlt sich Glück anders an, und manchmal jagt man auch nur einer Vorstellung von Glück hinterher. Häufig fühlt sich das so lang erstrebte Glück in der Realität gar nicht mehr so positiv an.
Wir sagen dir: Bleibe so, wie du bist, und wisse, dass du deine Glücksmomente selbst kreieren kannst. Dein Glück entspringt deinem Denken.
Jemand, der glaubt, dass bei ihm immer alles schiefgeht, der der Meinung ist, dass immer nur die anderen gewinnen, der wird diese Gedanken als selbsterfüllende Prophezeiungen in der Realität erleben. Kreiere dein Glück, gönne anderen ihre positiven Erfahrungen, freue dich mit ihnen. Dann wird sich das Glück um ein Vielfaches mehr und auch schneller in deinem Leben zeigen.«

Übung/Meditation/Affirmation

Ich persönlich habe eine wundervolle Grundeinstellung zum Glück. Meine Mutter sagte immer zu mir: »Du bist ein Sonntagskind, und Sonntagskinder haben immer

Glück!« Aus diesem Grund gab es in meinem Bewusstsein nie einen Zweifel daran, dass mir immer alles gelingen würde. Auch wenn meine Mutter nicht bewusst so handelte, kann ich nur allen Eltern empfehlen, diese Möglichkeit bewusst zu nutzen. Macht eure Kinder zu Glückskindern, und sie werden es um ein Vielfaches leichter haben im Leben!

Mittlerweile habe ich für alle meine Lebensbereiche beschriftete Steine. Sie liegen auf einem Fensterbrett und dienen mir als ein kleiner Lebensbereiche-Altar. Auf einem Stein steht GLÜCK, auf dem anderen LIEBE, auf dem nächsten FRIEDEN usw.

Ich lege kleine Gegenstände, Visitenkarten, beschriebene Wunsch- und Themenzettel, gefundene Engel- oder Pegasus-Federn zu den Steinen, und nähre somit die positive Energie in den jeweiligen Bereichen. Neben meinem Glücksstein steht ein Glücksklee, der gerade blüht. Jeden Tag schenkt er mir bei seinem Anblick einen Moment des Glücks. So einfach kann Glück sein! Wenn mein Blick auf die Steine fällt, spüre ich sofort positive Bekräftigungen zu den jeweiligen unterschiedlichen Lebensbereichen.

Probiere diese Methode doch selbst einmal aus. Oder wandele sie so ab, dass sie für dich passt. Ich wünsche dir von Herzen viele glückliche Momente.

Herausforderungen

»Geliebtes Wesen, wir wissen um die Anstrengungen, mit denen du täglich konfrontiert wirst. Sieh sie bitte als Chance an, deinen Geist zu trainieren. Dann findest du kreative Lösungsmöglichkeiten, die dich wachsen lassen und dich zu der Person machen, die du sein kannst.«

Bedenke: Die vermeintlich schlimmste Situation erweist sich im Nachhinein oftmals als größter Segen. Segne daher alle deine Herausforderungen, und gehe gestärkt aus ihnen hervor.

Die Pegasus-Einhörner senden dir heute mit dieser Karte ganz viel Kraft und Durchhaltevermögen und möchten dir mitteilen, dass am Ende immer alles gut sein wird. Alles wird sich zum Wohle aller Beteiligten auflösen. Nichts ist so schlecht, dass es nicht für irgendetwas anderes gut ist.

Alles ist gut!

Übung/Meditation/Affirmation

Nimm dir eine Auszeit von all dem Druck, den du gerade erträgst. Schließe die Augen, und bitte einen Pegasus, zu dir zu kommen und dich für einen Flug in die Leichtigkeit des Seins abzuholen.

Ein anmutig schönes Wesen landet plötzlich neben dir und lädt dich ein aufzusteigen. Du lässt dich zwischen seinen großen Lichtschwingen nieder und legst deinen Kopf auf seine weiche Mähne und umarmst seinen Hals. Ihr fliegt los, und augenblicklich fühlt sich alles leicht und frei an. Der Pegasus summt eine Melodie, die dich tief entspannt. Du fühlst dich geborgen. Erzähle ihm von deiner Situation, und übergib ihm die Schwere, die du mit dieser verbindest. Fühle, wie dein Herz leicht wird, und du Raum und Zeit vergisst. Du bist nur noch. Genieße diesen behüteten Moment, in dem du dich ganz beruhigst. Der Pegasus trägt dich so lange du möchtest, wenn du magst sogar bis in den Schlaf.

Oftmals lassen uns Herausforderungen und Sorgen nicht schlafen, oder wir wachen nachts auf und können nicht mehr einschlafen, weil das Gedankenkarussell anfängt, sich zu drehen. Rufe in solchen Situationen einen Pegasus zu dir, und begib dich mit ihm auf eine Reise, die dich beruhigt und entspannt, sodass du selig einschlafen kannst.

Herzdiamant

Mit dem Ziehen dieser Karte möchten dir die Pegasus-Einhörner das Bewusstsein für dein Licht und seine Auswirkungen auf dein Wirken vermitteln. Du denkst vielleicht immer wieder: »Was kann ich schon ausrichten?«
Doch es ist genau wie die Entstehung eines Diamanten. Jedes Teilchen ist wichtig, um seine Reinheit und sein Leuchten zu erschaffen. Erst wenn sich alle Teilchen verbinden, entsteht ein Diamant.
»Du bist Träger eines Diamanten, geliebtes Wesen, direkt in deinem Herzen. Und heute ist der Tag gekommen, an dem du dies ganz bewusst erkennen und verstehen darfst.«
Vielleicht fragst du dich gerade, was die Pegasus-Einhornenergie mit einem Diamanten verbindet?
Nun, das können sie dir selbst sagen: »Unser Ursprung ist die Christusenergie. Geboren im Schoß von Mutter Maria sind wir die Diamanten des Himmels, die reinsten, in Lichtenergie geborenen Wesen. All unsere Absichten entstammen der reinen Liebe. Wir befreien dich mit

unserer Diamantenergie aus allen alten Verhaftungen, reinigen dein Sein von allen dich blockierenden Energien und säubern deine Aura von Fremdenergien, die deinen Lichtkörper immer wieder verunreinigen.«

In einem Diamanten bricht sich das Licht. Hast du schon einmal gesehen, wie die Sonne einen Diamanten berührt? Das Licht bricht und strahlt in Regenbogenfarben in alle Himmelsrichtungen. Und genau durch eine solche Regenbogen-Lichtenergie bist du mit den Pegasus-Einhörnern verbunden. Diese wiederum berühren deine Chakren mit den Lichtstrahlen des Regenbogens und richten sie optimal aus. Sie vertikalisieren sie für die optimale Anbindung deines Lichtkörpers an die Geistige Welt.

Heute möchten die Pegasus-Einhörner deinen Herzdiamanten bearbeiten, denn erst durch den richtigen Schliff kommt er wahrhaft zur Geltung. Du beginnst dann, zu strahlen, zu leuchten, und dein Umfeld wird dich ganz anders wahrnehmen können. Wisse, dass dein fertig geschliffener Diamant, die göttliche Geometrie in sich tragen wird. Wenn du ihn in den Händen hältst, kannst du oktaederförmigen Kristalle erkennen. Weitere Formen, die du vielleicht auch sehen kannst, sind Tetraeder, Dodekaeder und Würfel. Wenn sich die göttliche Geometrie des Diamanten vollkommen mit deinem Herzen verbunden hat, beziehst du all dein Wissen aus deinem Herzen und nicht aus deinem Verstand.

Übung/Meditation/Affirmation

Wie schleift man einen Diamant, einen Herzdiamanten? – Mit einem anderen Diamanten! Und wer könnte einen reineren Herzdiamanten haben als ein Pegasus und/oder ein Einhorn?
Rufe nun eines deiner vertrauten Pegasus- oder Einhornwesen an deine Seite, bitte es darum, bei dir zu sein. Es kommt jetzt ganz nahe zu dir und sendet von seinem Herzdiamanten einen Regenbogen zu deinem aus, der eure Herzen verbindet. Über diesen Regenbogen wandern die Diamanten aufeinander zu, berühren sich und reiben sich aneinander. Lichtfunken sprühen! Es ist ein unglaubliches Erlebnis! Das, was du gerade erlebst, ist Lichtenergie in ihrer konzentriertesten Form.
Durch diesen Schliff der Liebe kommen alle Facetten deines Seins zum Vorschein und somit auch deine Brillanz. Du bist ein Brillant! Der Glanz deines Herzdiamanten beruht auf den zahlreichen Lichtreflexionen deines Inneren, das durch den Schliff zum Vorschein gebracht wird. Nun sendet dein Pegasus oder dein Einhorn den Diamanten über den Regenbogen zurück in dein Herz.

Zukünftig wird jeder dein Strahlen, dein Scheinen sehen können. Denn bei Begegnungen treffen sich die Lichter in den Herzen der Menschen. Das Licht der Person (oder auch des Tieres), mit der du in Kontakt bist, strahlt in dein Herz hinein und wird im Inneren von deinem Herzdiamanten reflektiert. So, wie das Sonnenlicht vom Regen zurückgeworfen wird und einen Regenbogen entsteht, so sendest du dein Licht in die Richtung deines Gegenübers aus. Dieser sendet dir sein Licht, und so könnt ihr euch wirklich erkennen. Ist das nicht wunderbar? Diese Weiterentwicklung ist ein Geschenk für die heutige Zeit. Sie ermöglicht Kommunikation ohne Worte, die jetzt, mit dem Aufstieg von Mutter Erde, wieder gelebt werden kann.

Dein Herzdiamant wird in der Tiefe deiner Seele, in deinem ewigen Sein für immer leuchten! Halte deine Hand jeden Abend auf dein Herz, auf deinen Herzdiamanten, und sei dir sicher, dass in ihm alles Wissen gespeichert ist, dann verbinde dich mit ihm und dadurch mit allem, was ist.

Scheine, liebes Wesen, scheine so hell wie ein Diamant, voller Reinheit und Liebe! Du bist brillant, wunderschön und unvergänglich …

Illusion

Eine Illusion ist wie ein Zauber oder wie eine optische Täuschung.
Die Pegasus-Einhörner möchten dir dazu Folgendes übermitteln: »Wir erzeugen mit unseren Lichtschwingen um dich herum starken Wind. Dadurch wird der Nebel, der dir die Sicht versperrt, fortgeweht, und du kannst das Leuchten der Sterne wieder klar und deutlich erkennen. Wenn der Nebel weicht und die Klarheit eintritt, wirst du feststellen können, dass dein Lebensglück von keinem anderen Menschen und nicht vom Verhalten anderer abhängig ist. Die wichtigste Beziehung, die du hast, ist die zu dir selbst und zu deinem Schöpfer.«
Möglicherweise ist diese Karte aber für dich auch ein Hinweis darauf, dass dich jemand täuschen möchte oder dass du einer Illusion nachläufst. Fühle einmal in alle deine Lebenssituationen hinein. Bitte die Pegasus-Einhörner, dir klar verständliche Zeichen und Hinweise zu senden und dir dabei zu helfen, die Lebenssituationen richtig zu deuten.

Übung/Meditation/Affirmation

Diese praktische Übung »Jesus-Illusion« zeigt eine einfache Illusion.
Konzentriere deinen Blick circa 20 bis 30 Sekunden (je länger desto besser) auf die vier kleinen Punkte in der Mitte des Bildes unten.
Schaue danach auf eine leere helle Fläche, zum Beispiel auf eine weiße Wand. Blinzele ein wenig.
Siehst du, wie in einem hellen Kreis etwas erscheint?

Innerer Kompass

Die Karte des Inneren Kompasses kommt zu dir als Orientierungshilfe auf deinem Lichtweg. Dir wird Unterstützung angeboten für die Lebenssituation, in der du dich gerade befindest.
Die Pegasus-Einhörner sagen dir: »Du benötigst einen festen Stand, eine gute Erdung und eine Anbindung an die Quelle der Liebe, damit du die Wegweiser der himmlischen Helfer deutlich erkennen und wahrnehmen kannst.« Sie berühren dich jetzt, um diese Dinge in dir optimal in Einklang zu bringen. Die Lichtwesen übermitteln dir, dass du einen Inneren Kompass in deinem Sein trägst, den du immer und überall aktivieren kannst, wenn du dich orientieren musst – sei es auf einer Reise in einem fernen Land oder in einer fremden Stadt.
Rufe in solchen Fällen die Pegasus-Einhörner, und bitte sie, dich zu erden und an die Quelle der Liebe anzubinden. Schließe kurz die Augen, und bitte deinen Inneren Kompass, für dich aktiv zu sein und dir den Weg zu deinem Ziel zu zeigen. Ein Pegasus-Einhorn wird dich auf dem Weg begleiten und dir Zeichen zur Orientierung schenken.

Übung/Meditation/Affirmation

Nimm bitte ein weißes Blatt Papier, und male einen Punkt in die Mitte und einen Pfeil, der nach oben zeigt, und jeweils einen, der nach unten, nach rechts und nach links zeigt.

Benenne den Punkt in der Mitte nach der Situation oder der Frage, in der du Orientierung benötigst. Dann ordne den Pfeilen die Möglichkeiten zu, die dir in der Situation offenstehen. Nehmen wir beispielsweise an, dass du deinen Job wechseln möchtest. Vielleicht hast du zwei Zusagen von anderen Arbeitsstätten, du könntest aber auch an deinem jetzigen Arbeitsplatz bleiben. Dann schreibe an den Pfeil nach oben Job A, an den rechten Pfeil Job B und links deinen momentanen Arbeitsplatz. Der Pfeil, der nach unten zeigt, symbolisiert eine weitere Möglichkeit, etwas ganz Neues, was dir noch nicht bekannt ist.

Dann nimm das Kartendeck zur Hand, und mische die Karten. Befrage sie zu der Situation, und ziehe für jede Pfeilrichtung eine Karte. Lege die Karten verdeckt an die Pfeile. Drehe die Karten zu den jeweiligen Möglichkeiten um, und folge den Impulsen, die dir die Karten geben. Die Bedeutung der Karten kannst du natürlich ganz individuell für dich deuten. Oder du achtest auf die Zeichen und Hinweise, die dir in nächster Zeit im Zusammenhang mit deiner Frage von den Lichtwesen gesendet werden.

Du kannst dich auch in die Mitte des Blattes stellen und deinen Inneren Kompass bitten, für dich aktiv zu werden und dich in die richtige Richtung zu »schwingen«. Schließe einfach die Augen, und fühle, was beim Hin- und Herpendeln mit dir geschieht.

Diese Übung soll dir eine Unterstützung bei Orientierungsfragen sein. Achte bitte auch auf Impulse, die dir dazu im Alltag geschenkt werden.

Kommunikation

Diese Karte ist ein Hinweis darauf, dass für dich heute ein guter Tag für jegliche Form der Kommunikation ist. Vielleicht trägst du unausgesprochene Worte in dir, die dich beschäftigen, oder du verspürst einen Impuls, einen lieben Freund oder ein Familienmitglied anzurufen.

Die Pegasus-Einhörner möchten dich auch bitten, immer wieder mit deinem Körper zu kommunizieren und auf seine Bedürfnisse zu hören. Lasse dir von ihm mitteilen, was er benötigt, um auf allen Ebenen ausreichend versorgt und vital zu sein.

Ebenso teilen sie dir mit, dass sie für dich eine Nachricht aus der Geistigen Welt haben. Um diese Botschaft empfangen zu können, nimm dir bitte einen Moment Zeit, und verbinde dich durch die nun folgende Übung mit den Pegasus-Einhörnern.

Übung/Meditation/Affirmation

Rufe einen Pegasus an deine Seite. Spüre seine Anwesenheit, und nimm zarte Lichtfunken um dich herum wahr. Ihr seid euch jetzt ganz nahe. Durch diese Nähe ist es dir möglich, die Aura dieses lieben Wesens zu ertasten. Wenn du möchtest, kannst du noch näher an den Pegasus herangehen. Nimm seine anmutige Gestalt wahr, streichle seine großen Lichtschwingen.
Erspüre, ob der Pegasus an deiner Seite ein Lichthorn und/oder ein Lichtherz hat. Wenn ein Lichthorn vorhanden ist, kannst du jetzt deine Stirn langsam nach vorne sinken lassen, bis du einen leichten Widerstand oder Wärme spürst. Dann verbinde dein Drittes Auge mit dem Lichthorn. Hat der Pegasus ein strahlendes Lichtherz, verknüpfe dich bitte durch einen Regenbogen von Herz zu Herz mit ihm. Anschließend empfange die Botschaft, die der Himmel dir heute sendet.
Ist alles vollbracht, bedanke dich bei dem Pegasus, und löse dich aus der Verbindung.

Kostbar

Zeit ist kostbar, Leben ist kostbar, jedes Tier, jede Blume ist kostbar … Die Pegasus-Einhörner sagen dir mit dem Ziehen dieser Karte: »DU BIST KOSTBAR! Jeder Moment, der sich in dein Bewusstsein besonders einprägt, ist kostbar.«

Kostbarkeit liegt immer im Auge des Betrachters, aber sie ist stets schützenswert. Du allein entscheidest, wen oder was du als kostbar erachtest. Wenn du lange gedurstet hast, ist jeder Schluck Wasser kostbar, wenn du gehungert hast, jede Art von Nahrung, und wenn du jemanden lange nicht gesehen hast, ist seine Anwesenheit kostbar. Kostbar wird etwas erst dann, wenn es für dich nicht alltäglich ist, wenn es für dich nicht immer greifbar ist.

Mache dir heute die Kostbarkeit des alltäglichen Lebens bewusst, und behandle alle Wesen so, als hättest du sie lange nicht gesehen. Zeige ihnen, wie kostbar sie für dich sind.

Vielleicht möchten dir die Pegasus-Einhörner mit dieser Karte auch den Impuls geben, darüber nachzudenken, ob für dich möglicherweise die vegetarische Ernährungsform infrage kommt. Schließlich ist jedes Leben kostbar.

Übung/Meditation/Affirmation

Finde heraus, was für dich wirklich kostbar ist, und bringe dies in dein Bewusstsein. Nimm Zettel und Stift zur Hand, und zeichne zwei Spalten. Schreibe in die linke, was für dich kostbar ist, und in die rechte, wer für dich kostbar ist. Diese Übung wird dir in unserer schnelllebigen Zeit Entschleunigung in dein Bewusstsein bringen.
Bleibe einige Zeit vor dem Blatt sitzen, und denke darüber nach, bis dir deine Kostbarkeiten ganz bewusst geworden sind. Dann gönne dir und anderen etwas Gutes. Lade einen Menschen, der dir kostbar ist, spontan zum Essen ein, oder tue dir selbst etwas Gutes, und nimm dir Zeit für dich. Gehe zum Beispiel in eine Therme, und genieße einen kostbaren Moment der Ruhe. Vielleicht nimmst du auch gleich jemanden mit, von dem du weißt, dass er sich darüber freuen würde. Was auch immer du tust, genieße die Zeit, denn sie ist kostbar.

Lebensfreude

Mit dieser Karte wird dir heute oder sehr bald ein Moment tiefer Freude geschenkt. Lebensfreude ist ein vollkommener Glücksmoment, der dich beflügelt und dir ganz viel Energie und Schub bringt. Ein Augenblick purer Lebensfreude motiviert unglaublich. Du hast dieses besondere Gefühl bestimmt schon das ein oder andere Mal verspürt.

Lebensfreude entsteht in ganz besonderen Momenten: bei der Geburt eines Kindes, bei deiner Hochzeit, durch das Verliebt-Sein, beim Spaß-Haben mit Freunden, während toller Reisen, bei einem geschäftlicher Erfolg und vielem mehr. Das Ziehen dieser Karte kündigt dir einen solchen Moment der Lebensfreude an, etwas ganz Wundervolles wird sich in Kürze in deinem Leben ereignen. Lasse dich überraschen und vom Gefühl der Lebensfreude lang andauernd tragen. Denn nur wenn unsere Seelen immer mal wieder dieses Gefühl verspüren, empfinden sie den Erdenweg auch als erlebenswert. Wenn du einen solchen Moment lange nicht mehr gespürt hast, schenken ihn dir die Pegasus-Einhörner in der folgenden Begegnung.

Übung/Meditation/Affirmation

Setze oder lege dich an einen ruhigen Ort und begib dich gedanklich auf eine wunderschöne Waldlichtung. Betrachte sie mit deinem inneren Auge. Es ist ein wundervoller Tag, die Sonne scheint und wärmt dich, Vögel zwitschern, überall wuseln die Tiere des Waldes geschäftig herum. Du atmest einen frischen Duft ein, der dich an den Frühling erinnert.
Du hörst in der Ferne viele Hufe über den Waldboden trappeln, die Geräusche werden immer lauter, und schließlich kommt eine ganze Herde Pegasusse und Einhörner in einer Kurve auf dich zu gelaufen. Sie bleiben um dich herum stehen, und du wirst augenblicklich von einer Welle der Liebe erfasst und eingehüllt. Begrüße sie! Eines dieser lieben Wesen bittet dich nun, auf seinem Rücken Platz zu nehmen. Und los geht es, du reitest inmitten der Herde dieser wundervollen Geschöpfe. Immer schneller galoppieren sie mit dir durch den Wald, der Wind weht dir durchs Haar, und du verspürst plötzlich ein Kribbeln im Bauch! Freude, immer mehr Freude steigt in dir auf, und die Lichtwesen galoppieren immer noch schneller. Solch eine ausgelassenen Heiterkeit und Leichtigkeit hast du schon lange nicht mehr erlebt! Durch die gemeinsame Bewegung gerät alles in dir in

Bewegung, und aus der Freude wird Lebensfreude. So viel Spaß hattest du schon lange nicht mehr!
Du spürst, wie dich die Lebensfreude ausrichtet, deine Wirbelsäule richtet sich auf, sodass du immer kraftvoller und selbstbewusster wirst.
Noch einmal geht es im Galopp über die Waldlichtung. Noch eine scharfe Rechtskurve und zwischen den Bäumen hindurch, dann kommt die ganze Herde schnaufend zum Stehen.
Du bedankst dich für dieses schöne Erlebnis, für den Moment der Lebensfreude, und kommst glücklich wieder im Hier und Jetzt an. Nun kannst du einen Tag voller Lebensfreude genießen.

Liebe

»Wir haben unsere Schwingen der Liebe weit geöffnet, um dich mit ihnen einzuhüllen und zu berühren! Wir begegnen uns heute in einer neuen Liebesschwingung, die du ab sofort auf der Erde leben kannst, wenn du sie in deinem Herzen aktivierst. Unsere Liebe kommt direkt aus der höchsten Quelle. Sie aktiviert dein Herzchakra und bringt dich in eine völlig neue Wahrnehmung, die dich mit dem Herzen denken und handeln lässt.«

Das Ziehen dieser Karte kann auch ein Hinweis darauf sein, dass du, solltest du allein leben, bald deinem zweiten Flügel – so würden die Pegasus-Einhörner es ausdrücken – begegnen wirst. Wenn Seelenpartner sich begegnen, können sich Herzen und Seelen vereinen.

Die Pegasus-Einhörner sagen dir mit dieser Karte auch, wie sehr du von ihnen und all den anderen Lichtwesen geliebt wirst. Liebe heilt alles, und daher geben sie dir die folgende wundervolle Begegnungsübung, die so einfach ist und doch Wunder zu vollbringen vermag.

Übung/Meditation/Affirmation

Schließe deine Augen, fühle in dich hinein. Welche Beziehung belastet dich gerade am meisten? Ist es die zu einer noch lebenden oder zu einer bereits verstorbenen Person, oder ist es vielleicht auch die zu einem Tier? Wähle die Situation bzw. die Person aus, die dir als Erstes in den Sinn kommt, und bitte deine persönlichen Pegasus-Einhörner um Hilfe. Beschreibe ihnen die Situation, sage ihnen, wie ihr zueinander steht, was geschehen ist, was möglicherweise unausgesprochen zwischen euch ist.

Deine Pegasus-Einhörner werden nun mit den Pegasus-Einhörnern des anderen in Kontakt treten und sie um ein Treffen auf der feinstofflichen Ebene bitten. Sie stehen jetzt direkt an deiner Seite, und du kannst dich ganz sicher fühlen.

Ein Lichttor öffnet sich, und die Person oder das Tier kommt mit ihren Pegasus-Einhörnern zu dir. Ihr begrüßt euch so, wie ihr es im Moment zulassen könnt. Die Pegasus-Einhörner – deine und die deines Gegenübers – verbinden jetzt ihre Herzen mithilfe von Regenbögen.

Du sendest jetzt auch von deinem Herzen zum Herzen deines Gegenübers eine Regenbogenbrücke. Dadurch

werden eure Herzen für den Moment miteinander verbunden. Nun seid ihr für die gemeinsame Arbeit an der Situation, für eine Begegnung auf der Herzebene miteinander verknüpft.
Bitte sende jetzt über den Regenbogen all deine Gefühle von Herz zu Herz, die du für dein Gegenüber empfindest, ohne Worte dafür zu gebrauchen. Lasse dir einen Moment Zeit dafür.
Jetzt nutze deine Sprache, und sage alles, was du deinem Gegenüber mitteilen möchtest. Es ist völlig in Ordnung, wenn du dabei traurig oder wütend bist. Allerdings begegnet ihr euch gerade auf der Herzebene. Hier geht es um Klärung der Energien und nicht um Beschimpfung und Schuldzuweisung.
Jetzt höre gut hin, und empfange die Antwort bzw. die Botschaft deines Gegenübers. Wie verhält er sich? Hat sich auf der Ebene zwischen euch schon etwas verändert?
Eure Pegasus-Einhörner richten ihre Lichthörner über euch zusammen und segnen die Situation mit einem Funkenregen aus ihren Lichthörnern.
Verabschiede dich von deinem Gegenüber, und löse die Regenbogenbrücke zwischen euren Herzen wieder auf. Wenn du es kannst und/oder die Situation es zulässt,

umarme dein Gegenüber. Nun geht dein Gegenüber gemeinsam mit seinen Pegasus-Einhörnern zurück durch das Lichttor.

Vertraue darauf, dass du die Situation voll und ganz übergeben hast, und freue dich über die Wunder der Liebe.

Verabschiede dich nun von deinen Pegasus-Einhörnern, und bedanke dich bei ihnen.

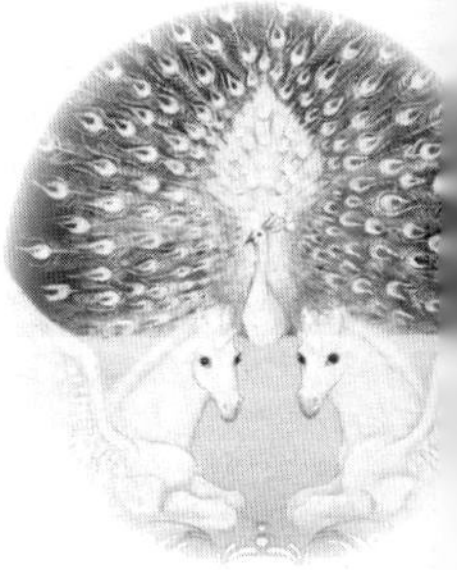

Loslassen

Loslassen ist ein so endgültig scheinendes Wort bzw. Gefühl.
»Geliebtes Wesen, wir wissen um diese Schwierigkeiten beim Loslassen von emotionalen Verbindungen, die häufig wie ein Abschied erscheinen, der oftmals auch Ängste mit sich bringt. Aber dies ist nur eine Illusion, denn was wirklich zu dir gehört, verlierst du niemals, und wenn du es loslässt, kehrt es auch wieder zu dir zurück.
Wir möchten heute deine emotionalen Verbindungen lösen, die dir unnötig Energien rauben. Wenn Menschen etwas von dir benötigen – und sei es nur eine Information – ›docken‹ sie sich unbewusst mit ihren energetischen Schnüren bei dir an. Ziehen sie sich wieder zurück, bleibt diese Verbindung aber meist bestehen. Anzeichen dafür sind Müdigkeit, Mattheit, Lustlosigkeit, Traurigkeit uvm.
Rufe uns in solchen Fällen, und bitte uns darum, diese Schnüre zu lösen und zu ihren ›Sendern‹ zurückzubringen. Dann werden wir sofort tätig und wirbeln um dich herum. Vielleicht verspürst du unser Tun in deinem So-

larplexus, oder du spürst einen Windhauch?
Du kannst uns immer wieder darum bitten, für dich solche alten Verbindungen zu lösen. Keine Sorge, es kann nichts abgetrennt werden, was zu dir gehört.
Wir sehen auch deine innerliche Anspannung, und bitten dich deswegen, folgende Übung immer mal wieder zwischendurch durchzuführen.«

Übung/Meditation/Affirmation

Loslassen der Anspannung
Führe diese Übung durch, um deine inneren Anspannungen zu lösen. Die meiste Anspannung sitzt in den Muskeln. Atme bitte tief ein, und spanne dabei deine Muskeln an. Ziehe sie alle zusammen. Halte diese Anspannung kurz, dann atme aus, und lasse los. Dann wiederhole das Ganze eine Zeit lang.
Nachdem du dies zum letzten Mal getan hast, kann es gut sein, dass du mehrfach gähnen musst. Dies geschieht, weil sich die Spannung in dir löst.
Mache diese Übung immer mal wieder zwischendurch, sie ist sehr hilfreich für dich. Trinke danach bitte ein Glas Wasser oder eine Tasse Tee.

Muster

Mit dieser Karte möchten dich die Pegasus-Einhörner wissen lassen, dass es in dir ein altes Muster, einen alten Glaubenssatz gibt, der dich in einem deiner Lebensbereiche blockiert und eine Weiterentwicklung deines Selbst verzögert. Alte Muster und Glaubenssätze können noch aus vielen vergangenen Inkarnationen und Lernaufgaben in dir sein, oder sie wurden, indem du durch deine Mitmenschen während deiner Entwicklung geprägt wurdest, in dir verhaftet. Das können beispielsweise Aussagen sein wie »du hast doch eh kein Geld, du bist zu nichts zu gebrauchen« usw. Solche Glaubensmuster verzerren dein Selbstbild und dein Weltbild.

Die Pegasus-Einhörner sagen dir dazu: »Wir berühren die Glaubenssätze und Muster jetzt mit unserem Licht, damit du sie deutlich erkennen und aufheben kannst. Wir transformieren sie mit unserer Lichtenergie und bitten dich, uns dabei zu unterstützen, deine Gedankenmuster mit positiven Worten und Meditationen wieder in Einklang mit deinem Selbst zu bringen. Nichts geschieht von allein. Aktiviere noch heute deine göttliche Weiterentwicklung!«

Übung/Meditation/Affirmation

Nimm dir einen Moment Zeit, und setze oder lege dich entspannt hin. Schließe deine Augen, und bitte die Pegasus-Einhörner jetzt, dein altes Muster, deinen Glaubenssatz zu berühren und ihn für dich ganz deutlich erkennbar zu machen. Vielleicht wird es oder er dir auch genannt, oder du weißt plötzlich, um welches Thema es geht. Erkennst du, in welchem Lebensbereich dich dieses alte Muster schwächt?
Bitte jetzt um die positive Umkehr des Glaubenssatzes, und empfange Bilder und Worte, die du jetzt anstelle des alten Musters setzt. Denke in der nun kommenden Zeit immer wieder diszipliniert an diese Worte und/oder die Bilder. Sage sie, sooft es dir möglich ist, und stelle dir vor, wie sich deine Situation dauerhaft positiv verändert. Vielleicht nutzt du ein paar Minuten nach dem Aufwachen oder vor dem Einschlafen für diese Übung, oder du nimmst dir bewusste kurze Auszeiten.

Mut

Die Pegasus-Einhörner schenken dir mit dieser Karte ganz viel Mut. Mut ist, etwas zu wagen, bei dem der Ausgang ungewiss ist, zum Beispiel einen Bereich, eine Ebene zu erforschen oder für dich neu zu entdecken und sie mit anderen Augen zu betrachten.

Es braucht immer Mut, neue Wege zu gehen, und du bist gerade an einem Punkt, einen bedeutenden Schritt zu wagen. Vielleicht benötigst du nur noch einen kleinen Funken Mut, um das ins Außen zu bringen, was in dir ist.

Von 100 Menschen werden immer zehn mit dem Finger auf dich zeigen, wenn du mutig bist und etwas Neues wagst oder etwas voranbringst. Aber 90 werden dir applaudieren. Sie werden dich beglückwünschen und dir sagen, wie toll es ist, dass du etwas gewagt hast und den Menschen dadurch, dass du so mutig warst, gedient hast. Fokussiere dich auf diese 90, denn die anderen zehn werden in ihrem Leben sicher nicht den Mut aufbringen, etwas Großes zu bewirken oder ein Vorhaben

umzusetzen. Doch du hast diesen nötigen Funken Mut in dir!
Wage etwas! Dem Mutigen lacht immer das Glück!

Übung/Meditation/Affirmation

Stelle dir vor, dass du auf dem Geländer einer hohen Brücke stehst. Es gibt nichts als Tiefe unter dir. Eigentlich hast du Höhenangst. Aber du bist gesichert durch ein Bungee-Seil. Neben dir steht ein netter Mann, der dir sagt: »Dir kann nichts geschehen, das versichere ich dir!« Dein Herz rast, und deine Hände sind ganz feucht. Wirst du es schaffen?
Der Adrenalinspiegel in deinem Körper hat seinen Höchststand erreicht. Jetzt ist es so weit! Obwohl du nicht weißt, was geschehen wird, nimmst du all deinen Mut zusammen, vertraust der Aussage des Mannes – und springst. Du erlebst den freien Fall. Alles zieht sich für einen Moment in deiner Magengegend zusammen. Nach der Anspannung folgt die Entspannung. Das Seil hält dich, du kannst nicht in die Tiefe fallen. Jetzt kommt Freude auf – eine unbändig starke Freude, etwas gewagt zu haben!

Du wirst wieder auf die Brücke zurückgezogen. Applaudierende Menschen empfangen dich. Bewahre dieses Glücksgefühl, und wage deinen nächsten Schritt. Du bist sicher! Du kannst nicht fallen!

Natur

Die Natur erneuert sich im Zyklus der Jahreszeiten. Genauso ändert sich dein Verhalten im Rhythmus der Natur. So nimmst du in den verschiedenen Jahreszeiten unterschiedliche Speisen zu dir oder trägst andere Kleidung.

Mit dieser Karte schicken dir die Pegasus-Einhörner eine Berührung, die dich die Natur, ihren steten Wandel und all die Tiere und Pflanzen bewusster erleben und wahrnehmen lässt. Vielleicht erinnern die Lichtwesen dich auch gerade ganz praktisch daran, die Pflanzen in deinem Haus und in deinem Garten mit ausreichend Wasser zu versorgen.

Die Pegasus-Einhörner bitten dich, deinen nächsten Jahreszyklus ganz persönlich zu kreieren, und laden dich zu folgender Reise durch die Jahreszeiten ein.

Übung/Meditation/Affirmation

Begib dich an einen ruhigen Ort. Lege oder setze dich bequem hin, und schließe deine Augen.
Rufe die Pegasus-Einhörner der vier Jahreszeiten an deine Seite, und schaue, wie sie ganz anmutig zu dir schweben. Einer dieser himmlischen Begleiter stellt sich dir vor. Er sagt, dass er eines der Pegasus-Einhörner der Jahreszeiten sei, dass sein Name Herbstwind sei und dass er jedes Jahr die Blätter der Bäume zum Tanz bitte. Genauso bittet er dich jetzt um einen Tanz auf der feinstofflichen Ebene durch die Jahreszeiten, durch den Jahreszyklus, den ihr gemeinsam bereisen werdet. Du steigst auf seinen Rücken, und die Reise beginnt.
Herbstwind teilt dir mit, dass du den Winter und die Kälte kennen musst, um die Sonne lieben und schätzen zu können. Deswegen ist das erste Ziel eurer Reise der von Schnee bedeckte Einhornwald, den du gerade unter dir erblickst. Ihr landet und steht nun mitten im tiefen Schnee. Flocken tanzen dir um die Nase. Das Pegasus-Einhorn trabt mit dir auf eine Holzhütte zu, aus deren Schornstein Rauch aufsteigt. Ihr tretet ein, und kuschelige Wärme kommt dir entgegen, die von einem knisternden Kamin ausgeht. Vor dem Kamin sitzen drei weitere Pegasus-Einhörner, die dich einladen, näherzu-

kommen. Sie bitten dich, Platz zu nehmen. Das Feuer wärmt dich, und du reibst dir die Hände.

Die Pegasus-Einhörner stellen sich dir der Reihe nach vor. Das erste sagt, dass es Winterzauber sei, das zweite stellt sich vor mit dem Namen Frühlingslicht, und das dritte ist Sommerliebe.

Winterzauber möchte dir von der Wichtigkeit des Winters berichten und beginnt zu erzählen: »Geliebtes Wesen, der Winter wird dir geschenkt, damit du aus den Farben des Frühlings, Sommers und Herbstes schöpfen kannst und um etwas aus dem Nichts zu erschaffen. Die Natur hüllt sich zu dieser Zeit in einen weißen Mantel ein. Sie erscheint wie ein leeres Blatt Papier, das neu beschrieben oder bemalt werden kann. Der Winter schenkt dir jedes Jahr einen Neuanfang. Es ist an der Zeit, die Gedanken darauf auszurichten, welche Pflanzen und Samen du im Frühjahr in die Erde legen möchtest, damit du sie im Herbst ernten kannst. «

Ihr rückt vor dem Kamin ganz eng zueinander. Du fühlst dich unendlich wohl in dieser von Liebe getragenen Runde der Pegasus-Einhörner der Jahreszeiten.

Nun schaut dich Frühlingslicht liebevoll an und bittet dich, dass du dich an den letzten Frühling erinnerst. Es berührt dich mit seinem Lichthorn und in dir steigen Gedanken, Gefühle und Erinnerungen auf. Vielleicht

werden auch Bilder in dir wach. Erlebe den Frühling noch einmal. Nimm dir einen Moment Zeit. Denke an die ersten Blumen im März, deine Freude über ihr Erwachen, an Ostern, an die Vorfreude auf den Sommer …
Jetzt fordert Frühlingslicht dich auf, dich an den schönsten Frühling zu erinnern, den du bisher in deinem Leben erleben durftest. Denke auch an den Duft des Frühlings. Und sammele mit den Bildern und Gefühlen, die in dir aufkommen, Schaffenskraft und Motivation, um damit etwas unsagbar Tolles auf dieser Erde und in deinem Leben zu kreieren. Der Frühling erweckt alles zum Leben und bereitet dir den Boden, in den du deine Pflanzen betten und Samen säen kannst.
Sommerliebe spricht nun: »Im Sommer musst du deine Samen und Pflanzen hegen und gießen, sonst trocknet das Sonnenlicht sie aus.«
Herbstwind blickt dich liebevoll an und richtet folgende Worte an dich: »Geliebtes Wesen, auf eine Aktion folgt eine Reaktion. Richte aber deinen Fokus immer auf das Tun und nicht auf das Erwarten oder Bekommen, denn erst wenn du etwas aussendest, kann es zu dir zurückkehren! Also warte nicht darauf, dass das Leben dich etwas erleben oder erreichen lässt, sondern mache und handele selbst. Dann schickt dir das Leben den Aufwind,

den du benötigst, um an dein Ziel, die Erfüllung deiner Wünsche und Träume, zu gelangen.
Lebe das Leben deiner Träume! Immer wenn du dir selbst hilfst, unterstützt dich auch der Himmel. Dies ist ein Gesetz, ein himmlisches ebenso wie ein irdisches, nämlich das Gesetz der Resonanz. Handelst du in Liebe, wird alles noch viel schöner, dann wird die Ernte noch ertragreicher, als du sie dir je vorgestellt hast. Im Herbst ist es Zeit zu ernten. Vergiss nicht, dann deine Ernte einzubringen. Auch die Ernte ist mit Tun verbunden. Du darfst deine Ähren einsammeln, Halm für Halm. Ja, dann ist Erntedank, dein Erntedank-Fest!«
Nun komme langsam wieder zurück ins Hier und Jetzt.

Neubeginn

Manche Veränderungen sehen erst einmal negativ aus, aber du wirst bald feststellen, dass sie nur Platz in deinem Leben schaffen, damit Neues entstehen kann.
Eckhard Tolle

Die Pegasus-Einhörner berühren dich heute, um in dir neue Kräfte freizusetzen. Mit diesen kannst du Altes anschauen und bereinigen und dich in Liebe von ihm verabschieden. Das müssen nicht unbedingt emotionale Themen oder Auseinandersetzungen mit anderen Menschen sein. Vielleicht möchtest du auch ganz konkret etwas Platz für Neues schaffen, indem du dich von alten Gegenständen, Kleidern oder Ähnlichem trennst, Schubladen aufräumst, Papiere sortierst oder geborgte Dinge zurückbringst.

Gib deinen Wünschen, Bedürfnissen, Interessen und Talenten wieder Raum. Was wolltest du seit Langem einmal wieder tun? Wovon halten dich die schnelllebige

Zeit, der Alltag irgendwie immer wieder ab? Entschleunige dich, und lausche deiner inneren Stimme.

Folge der Führung auf neue Wege, die dir Pegasus-Einhörner eröffnen. Probiere etwas Neues aus. Vielleicht möchtest du dich neu einkleiden, zum Friseur gehen, mit Freunden ein neues Restaurant oder Café besuchen? Es gibt so viele Möglichkeiten.

Wer weiß, wer dir alles auf deinen »neuen« Wegen begegnet …

Meine persönliche Lieblingsaffirmation für schöne neue Erfahrungen im Leben lautet:

»Nur das Beste wartet auf mich.«

Ich wünsche dir von Herzen das Allerbeste!

Übung/Meditation/Affirmation

Rufe, um dich von »alten« Energien zu lösen, die Pegasus-Einhörner der Reinigung und Transformation, und bitte sie, dich mit ihrer transformierenden Energie aus ihren Lichthörnern und Lichtherzen zu berühren. Bitte sie um absolute Reinigung und Transformation für dein gesamtes Energie- und Körpersystem.

Wenn du konkret Themen und Energie ablösen möchtest, kannst du diese auch auf ein Blatt Papier schrei-

ben und den Zettel an einer Feuerstelle verbrennen. Du kannst ihn auch in viele kleine Stücke zerreißen und diese dem Wind oder einem Fluss übergeben. Verabschiede dich von ihnen.
Mir persönlich hilft es immer sehr, Altes und Neues aufzuschreiben. Es erhält dadurch eine ganz besondere Dynamik und wird von mir persönlich auch ganz anders umgesetzt. Probiere es einfach selbst einmal aus!
Wenn du magst, kannst du sofort, nachdem du das Alte aus deinem Leben entlassen hast, ein neues Ziel, einen Wunsch oder eine Vision aufschreiben.
Ich persönlich habe Visions-Bilderbücher. Für diese habe ich mir aus Zeitschriften oder Katalogen Bilder zu meinen Visionen und Wünschen herausgesucht, diese ausgeschnitten und in mein Büchlein geklebt. Gerade erst sind mir meine ersten Visionsbücher wieder in die Hände gefallen. Erstaunlich, wie sich alles manifestiert hat – und oftmals auch noch viel schöner, als ich es mir vorgestellt hatte!

Neue Welt

Mit dieser Karte wird dir ein besonderer Moment zuteil. Die Verkünder der Neuen Zeit betreten das Energiefeld der Erde, sie kommen in ihren Raum und heben gemeinsam mit allen göttlichen Wesen die Energiefrequenz, die dich umgibt, deutlich spürbar an. Du merkst dies vielleicht durch einen kurzen Druck in der Kopfregion. Oder du kannst eventuell Lichtfunken um dich herum wahrnehmen?
Mit ihrer Berührung geben dir die Pegasus-Einhörner neue Impulse, mit denen du eine Neue Welt mit deinen Gedanken manifestieren kannst. Sie berühren das Energiefeld, das dich umgibt und in dem dein ganzes Potenzial und dein ewiges Sein vorhanden sind. Die Energie der Lichtwesen aktiviert jetzt für dich deine Neue Welt. Außerdem kann die Karte eine Ankündigung sein, dass eine neue »Ordnung« in dein Leben eintreten wird – auf weltlicher oder auf geistiger Ebene. Vielleicht entsteht ein völlig neues Netzwerk um dich herum, das dir unterstützend zur Seite steht.

Übung/Meditation/Affirmation

Suche dir einen ruhigen Ort, an dem du dich ganz bequem hinlegen oder -setzen kannst, und stelle dir die Neue Welt vor. Wie sieht sie für dich aus? Was möchtest du mit deinem Licht und mit deiner Liebe zu ihrer Gestaltung beitragen?
Du bist im vollen Bewusstsein über dein göttliches Sein genau jetzt, zu dieser Zeit inkarniert und kannst dadurch etwas erschaffen, was zu keiner Zeit zuvor möglich war. Wenn du bereit bist, deine Vision zu manifestieren, rufe die Pegasus-Einhörner an deine Seite. Sie werden dann dein Drittes Auge berühren. Nun betrachte die Bilder oder den Film, die oder der vor deinen Augen abzulaufen beginnt.
Nimm dir einen Moment Zeit, und schaue dir deine Neue Welt an, dann manifestiere sie mit all deiner Liebe.

Schutz

Oftmals sind unsere Herzen und Seelen sehr verletzlich. Gerade in turbulenten Lebensphasen, bei Streitereien, bei Mobbing und bei Angriffen – ob geistig oder durch verletzende Worte – benötigen wir Schutz.

Die Pegasus-Einhörner sagen dir dazu: »Wir hüllen dich schützend ein in unsere Lichtschwingen! Auch in akuten Situationen rufe uns an deine Seite, wir werden dein Herz und deine Seele beschützen.«

Diese Karte kann für dich auch ein Hinweis darauf sein, dass du in so mancher Lebenssituation allzu ängstlich bist, zum Beispiel, wenn es um das Weitergehen auf deinem Lebens- und Lichtweg geht, oder in Bezug auf deine Kinder, auf geliebte Menschen oder Tiere. Lasse ihnen mehr Freiraum, und überlasse ihren Schutz den Lichtwesen. Sie geben ihn gern. »Du kannst uns immer an ihre Seite rufen, wir werden bei ihnen sein!«, versprechen dir die Pegasus-Einhörner.

Übung/Meditation/Affirmation

Auraschutz durch die Pegasus-Einhörner

Rufe die Pegasus-Einhörner an deine Seite, und nimm wahr, wie sich ihre Energie neben dir und um dich herum ausbreitet, wie sie dich einhüllt und wie dir schließlich ein tiefes Gefühl der Liebe geschenkt wird. Diese Energie verdichtet sich zunehmend.

Die Lichtwesen berühren dich zur Begrüßung in der Mitte deines Herzens. Nun senden sie aus ihren wunderschönen, von Licht erfüllten Herzen und aus ihren Hörnern einen weißgoldenen Lichtfunkenregen aus, der jetzt ganz sanft auf dich herunterrieselt.

Dieses weißgoldene Licht umhüllt deine Aura wie eine glitzernde Schutzhülle, und augenblicklich fühlst du dich erfüllt von Ruhe, Gelassenheit, Sanftmut und Liebe. Du spürst die Liebe zu dir, zu deinem Sein. Fühle dich und deinen Körper in dieser kraftvollen Verbindung mit und zu den Pegasus-Einhörnern.

Du bist immer beschützt.

Segen

Das Ziehen dieser Karte bedeutet einen großen Segen für dich, denn sie kündigt dir eine positive Veränderung an. Dies kann eine glückliche Begebenheit, ein guter Ausgang einer Lebenssituation oder Ähnliches sein.

»Geliebtes Wesen, wir segnen dich und deinen vor dir liegenden Licht- und Lebensweg heute mit der Pegasus-Einhornenergie.

Segen bzw. die Tätigkeit des Segnens ist die höchstmögliche göttliche positive Macht. Sie obliegt jedem Menschen. Segne dich selbst, dein Tun und dein Handeln. Segne alle in Liebe und Freude, dann wird der Segen, der sich daraus für dich ergibt, unermesslich sein.

Gutes zieht Gutes an und nach sich.

Segne besonders auch alle Herausforderungen und dir unangenehm erscheinende Lebenssituationen. Du wirst erstaunt sein, wie viel himmlische Unterstützung von allen Seiten herbeieilt. Sieh jeden weiteren Tag deines Lebens als segensreich an!«

Übung/Meditation/Affirmation

Gegenstand segnen

Suche dir einen besonders schönen Stein, oder nimm einen wichtigen persönlichen Gegenstand wie zum Beispiel einen Anhänger oder ein Schmuckstück zur Hand, den du gern mit der Pegasus-Einhornenergie aufladen und segnen möchtest.

Bitte nun die Pegasus-Einhörner, diesen Gegenstand für dich mit ihrer Lichtenergie zu berühren und zu segnen. Spüre, wie sich der Gegenstand in deiner Hand mit ihrer Energie anfüllt und zu pulsieren beginnt.

Nun segne auch du ihn mit deinem Licht, mit deiner Liebe, und gib alle Wünsche, Visionen, Gedanken, Gefühle, Farben, Klänge und Bilder in den Gegenstand hinein. Segne ihn für dich und für deinen Lebensweg.

Du kannst diesen Gegenstand immer bei dir tragen, neben dein Bett stellen oder an einem dir wichtigen Ort aufbewahren.

Vertrauen

Vertraue, egal, in welcher Lebenssituation du dich gerade befindest oder welches Thema dich beschäftigt. Die Pegasus-Einhörner sagen dir: »Wir schaffen das gemeinsam, wir sind hier bei dir. Wir suchen uns immer den Weg von hier zu dir.
Auf unsere ganz besondere Art und Weise
begeben wir uns mit dir auf deine Reise.
Vertraue deinen Wegen, dem himmlischen Geleit,
der Pegasusse Flügel sind stark und breit!
Wir tragen dich durch alle Winde.
Und wenn der Sturm des Lebens pustet und bläst, halte dich einfach gut an uns fest.
Vertraue, geliebtes Wesen, vertraue uns und ganz besonders dir.
Wir tragen dich sicher durch die Zeit und halten uns immer für einen Flug mit dir in dein Vertrauen bereit.«

Übung/Meditation/Affirmation

Ein Pegasus steht direkt vor dir und legt seine schützenden, starken Flügel um dich herum. Er sagt: »Das Allerwichtigste ist, deiner Seele zu vertrauen. Wenn du dir nicht vertraust, wie kannst du dann Gott vertrauen? Übe, dir selbst das Vertrauen zu schenken, das deine Seele benötigt, um mit dir im Einklang zu sein.
Ich schenke dir nun die verbinden Worte: Wiederhole sie im Geist mit mir zusammen: ›Ich vertraue meiner Seele, ich vertraue meiner Seele, ich vertraue meiner Seele.‹ Glaube mir, das ist das Allerwichtigste!
Bitte vertraue dir, denn ich tue es auch von ganzem Herzen.«
Spüre die Liebe des Pegasus und die Bedeutung seiner Wortes. Wiederhole immer wieder: »Ich vertraue meiner Seele!«

Vision

Die Pegasus-Einhörner sagen dir mit dieser Karte: »Deine Vision ist auch deine Mission, und zu dieser Mission bist du ausgesendet worden. Aber eine Mission zu erfüllen heißt nicht, andere für diese zu missionieren. Denn jeder hat seine eigene Vision und somit auch seine eigene Mission. Um eine Vision mit Leben zu füllen, braucht es kreative Ideen und jemanden, der diese umsetzt.

Die Pegasus-Einhörner bitten dich, deine Kreativität zu aktivieren und deine Ideen zu verwirklichen.

Das Ziehen dieser Karte kann auch eine Einladung zu einem Wallfahrtsort sein, den du schon lange einmal besuchen wolltest oder von dem du dich angezogen fühlst.

Übung/Meditation/Affirmation

Es gibt viele Affirmationen, die dich dabei unterstützen können, deinen Ideenreichtum anzuzapfen. Ich empfehle dir folgende:

»Ich bin voller Ideen!«

Natürlich kannst du auch einfach andere Worte wählen, die dir dazu in den Sinn kommen, damit kreative Ideen in deinem Bewusstsein präsent werden. Sie dienen deinen Visionen, denn du kannst sie mithilfe deiner Kreativität Wirklichkeit werden lassen.

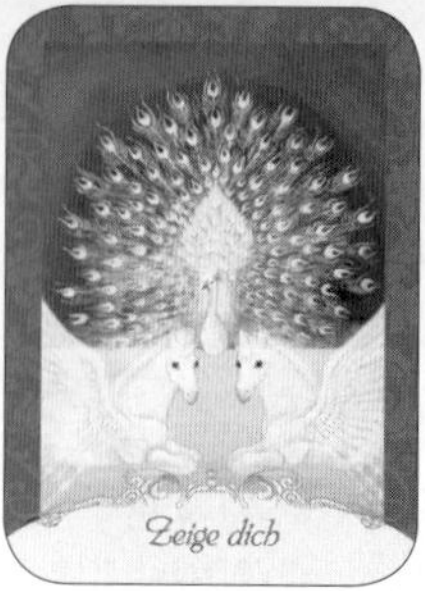

Zeige dich

»Geliebtes Wesen, du nimmst dich und dein wundervolles Wirken und Tun oftmals nicht so wichtig. Du stellst dich in den Schatten, obwohl du strahlst und anderen ein Vorbild bist. Wir sehen dich und deine Liebe, mit der du die Herzen aller verzauberst. Es ist an der Zeit, dass du jetzt deine falsche Bescheidenheit ablegst und ganz und gar in deine Kraft kommst. Zeige dich! Deine Liebe und dein gutes Herz werden dich immer erden, du kannst voll Vertrauen deinen Weg gehen und dabei gesehen werden, glaube uns das.
Genieße den Reichtum und die Fülle des Lebens, erkenne alle Möglichkeiten, die sich dir bieten, und nimm sie an. Jedes Wesen hat es verdient, ein glückliches erfülltes Leben zu leben – keines mehr und keines weniger. Akzeptiere dich und dein Leben, und entfalte dein ganzes Potenzial. Jeder soll es sehen!«
Du bist wunderschön!

Übung/Meditation/Affirmation

Nimm dir fünf Minuten Zeit, und stelle dich vor einen Spiegel. Schaue dich an, und blicke immer tiefer in und schließlich durch deine Augen hindurch. Versinke in dir, und schaue in dich hinein. Welcher Teil, welche Facette von dir ist noch in deinem Inneren versteckt, so tief in dir, dass sie keiner im Außen sehen kann?

Suche dieser Eigenschaft in dir einen anderen Platz und positioniere sie neu, vielleicht direkt in deinem Herzen, sodass sie bald jeder fühlen und sehen kann. Dann spüre, wie diese neue Positionierung dein Umfeld verändert. Vielleicht bekommst du dafür sogar heute noch ein Kompliment.

Zeige dich, und positioniere dich neu im Leben!

Über die Autorin

Melanie Missing erhielt aus der Geistigen Welt den Auftrag, die Tore für die Einhörner zu öffnen, damit diese wieder ganz nahe bei uns sein können. Der Auftrag der Einhörner ist es, die Menschen bei der Erfüllung ihrer Lebensaufgabe zu unterstützen. Melanie Missing bringt die Menschen wieder in Kontakt mit ihren persönlichen Einhörnern. Geführt wird sie dabei durch die Einhornherde der Weißen Bruderschaft, insbesondere durch das Einhorn Sirius vom Hohen Rat der Einhörner, der ihr die Anliegen der Einhörner mitteilt. Sie gibt Einhornseminare, Meditationen und Einzel-Einhornsitzungen. Im »Garten Eden«, Melanie Missings Schulungsinstitut für Einhornenergie, kann man sich zum Unicorn-Energy-Practitioner ausbilden lassen und auf diese Weise noch mehr Menschen an der großen Liebe der Einhörner teilhaben lassen.

Weitere Informationen unter:
www.einhornessenz.de

Über die Illustratorin

Carola Gümüs war nach ihrem Studium der Angewandten Grafik viele Jahre in der Werbebranche tätig. Mittlerweile lebt sie mit ihrer Familie in der Nähe der Alpen in enger Verbundenheit mit den Naturreichen. Sie gestaltet als freischaffende Malerin und Illustratorin neben traumhaft farbenfrohen Seelenbildern auch persönliche Drachen-, Engel- und Einhornsteine, die es ihren Besitzern ermöglichen, diese Lichtenergie stetig bei sich zu tragen und zu nutzen. Dabei arbeitet sie medial mit heilenden Farben, Symbolen und sonstigen Informationen, die sie aus den geistigen Reichen empfängt.
Weitere Informationen unter:
www.herzfunke.com

Danksagung

Als ich anfing, mich immer tiefer mit der Energie der Pegasus-Einhörner zu beschäftigen, hatte ich in der Nacht zu meinem 33. Geburtstag einen ganz besonderen Real-Traum. Vor mir stand ein riesengroßes Paket mit einer Schleife darauf. Ich zog sie ab und öffnete das Paket. Darin befand sich ein knallrotes kleines Auto, dessen Fabrikat es nicht wirklich gibt. Auf den Türen waren seitlich gelbe Flammen abgebildet, auf denen »PEGASUS RACING-TEAM« stand. Das war so entzückend, dass ich sofort einstieg, und das Auto brauste mit mir los. Dies war der Beginn und die Antwort auf meine Bitte, ein deutliches Startzeichen zu erhalten …
Einige Zeit zuvor hatte ich meinen lieben Freund Merlin-Helmut Martin, der ganz besondere Druidensteine von einer Insel in Schottland holt, darum gebeten, bei seinem nächsten Aufenthalt dort nachzufragen, ob es einen Einhorn-Druidenstein gäbe, der zu mir wolle! (Die Druidensteine stammen von einer kleinen Insel vor der Westküste Schottlands. Jeder einzelne Stein wird befragt, ob er mitkommen möchte, um eine neue Aufgabe zu übernehmen, die der Heilung von Mensch und der Erde.) Bei

unserem damaligen ersten Einhorn-Sommer-Camp kam er zu mir und sagte: »Ich habe dir etwas mitgebracht.«. Dann legte er mir einen wunderschönen großen Druidenstein in die Arme. Er meinte dazu: »Ich kann kein Einhorn erkennen, aber dieser Stein wollte zu dir!« Ich betrachtete den Stein, entdeckte sofort einen Pegasus in der Steinmaserung und wusste sogleich, dass dieser besondere Stein mir für dieses Projekt mit all seinem Wissen zur Seite stehen würde. Das war ein toller Moment, und ich bedanke mich sehr bei Helmut, dass er der Bote dieses Steines voll Pegasus-Energie war.

Ich bedanke mich von ganzem Herzen bei meiner lieben »SCHÖPFERFREUNDIN« Carola Gümüs, die Karte für Karte und von Thema zu Thema ein Kunstwerk geschaffen hat! Ich bin wirklich jedes Mal von ihren Bildern fasziniert und verneige mich voller Dankbarkeit vor ihrer kreativen Schöpferkraft. Es war eine wunderschöne Zusammenarbeit, wir haben uns gegenseitig getragen. Danke, danke, danke liebe Carola!

Des Weiteren bedanke ich mich von ganzem Herzen bei Heidi und Markus Schirner, die all die »neuen« Themen und Energien der Einhörner und Pegasus-Einhörner durch ihren Verlag in die Welt zu den Menschen tragen und mir dafür ihr Vertrauen schenken.

Danke an meine Lektorin Barbara Rave für ihr Wirken und unser schönes Miteinander, danke an das gesamte beteiligte Schirner-Team.
Ebenso bedanke ich mich von ganzem Herzen bei meinem Garten-Eden-Team Melanie Knopp, Elena Spiers, Anne Schreiber, meiner lieben Mutter Regina Müller und meinem Mann Hajo, die mir immer zur Seite stehen und mich mit all ihrer Liebe unterstützen.
Danke an meine Geist- und Lichtführung und besonderen Dank den Pegasus-Einhörnern für ihre liebevolle Führung und Energie, die ich für dieses Kartendeck empfangen durfte.
Danke euch allen, die ihr eure Herzen für die Liebe dieser Lichtwesen geöffnet habt, und danke dafür, dass sie in euren Leben einen Platz finden. Ich wünsche euch von Herzen ganz viel Freude mit diesem Kartenset und viele wundervolle Momente des Einblicks in euer Sein.
Es werde Frieden auf Erden und in unseren Herzen …

In tiefer Dankbarkeit

Melanie Missing

Produkt- und Bestell-informationen

Weitere Pegasus- und Einhorn-Produkte wie Einhornbücher, Einhornessenzen, Einhorntees und vieles mehr finden Sie im Schirner-Katalog oder im Online-Shop unter: www.schirner.com

Sie können diese und viele weitere Produkte auch über die Website der Autorin beziehen: www.einhornessenz.de
Oder besuchen Sie den Garten-Eden-Shop von Melanie Missing in Kassel doch einmal persönlich:
Garten Eden Shop, Wolfsangerstr.84,
34125 Kassel
Tel.: 0561-87083600
E-Mail: info@einhornessenz.de